U0564875

本书系国家社科基金教育科学项目"公法人视野下公立高校财政自主权研究"的最终成果，项目编号："BIA150094"。

GONGLI GAOXIAO CAIZHENG
ZIZHUQUAN YANJIU
YI GONGFAREN WEI SHIJIAO

公立高校财政自主权研究
——以公法人为视角

冉富强 / 等著

中国政法大学出版社

2022·北京

声　　明　　1. 版权所有，侵权必究。

2. 如有缺页、倒装问题，由出版社负责退换。

图书在版编目（ＣＩＰ）数据

公立高校财政自主权研究/冉富强等著. —北京:中国政法大学出版社,2022.6

ISBN 978-7-5764-0461-6

Ⅰ.①公…Ⅱ.①冉…Ⅲ.①高等学校－财务管理－研究－中国Ⅳ.①G647.5

中国版本图书馆CIP数据核字(2022)第095271号

出　版　者	中国政法大学出版社
地　　　址	北京市海淀区西土城路25号
邮寄地址	北京100088信箱8034分箱　邮编100088
网　　　址	http://www.cuplpress.com (网络实名: 中国政法大学出版社)
电　　　话	010-58908586(编辑部) 58908334(邮购部)
编辑邮箱	zhengfadch@126.com
承　　印	固安华明印业有限公司
开　　本	880mm×1230mm　1/32
印　　张	7.25
字　　数	200千字
版　　次	2022年6月第1版
印　　次	2022年6月第1次印刷
定　　价	49.00元

前言

PREFACE

　　租税国家财税汲取有限的理论基础是市民社会与政治国家"二元论"、国家理性的有限性。当前，我国已经迈入租税国家行列。为了涵养税源，国家应依法保障非公有制市场主体的经济自由权，破除国家对自然资源不必要的垄断，深化国有企业改革，依法规范和提升国有企业的经济自主权，打破公用企业的垄断地位，切实保障公民自雇形态的经济自由权，切实解决小微企业"融资难、融资贵"问题。国家财税汲取应遵循法治逻辑，在宪法上规定"税"与"非税"的征收程序与实体原则；通过立法把征税权、非税征收权、举债权、国有企业经营权及利润上缴义务等全面纳入法治轨道。在中央与地方财政关系法治化方面，不仅应当关注中央与地方政府的财政权力配置，也应当注重地方财政自主权利的构建，只有均衡构建地方财政自主权力与财政自主权利制度，才能真正实现中央与地方财政关系的科学化、规范化及法治化。完善我国地方财政自主权的权利结构，应当从构建地方政府公法人地位、建立地方税系、完善地方财政民主、健全中央与地方财政争议解决机制入手。

　　不管是大陆法系国家还是英美法系国家，公立高校普遍具有公法人身份。公法人身份决定公立高校要受公法约束。由于各国政治体制、经济体制、文化传统、社会制度存在很大差异，导致域外公立高校虽普遍具有公法人地位，但各国公立高校的公法人样态又有差异，同一国家的公立高校也会出现不同的法人形态。公法人化改革以后，国家的管理也由过去的高权管制转向市场化契约管理，第三方绩效评估成为财政拨款的基本依据；政府监管改为合法性监督，国家只对委托事项才进行合理性监督；公法人改革之后，公立高校的内部治理机制也发生了相应变迁，民主化程度得以提升。

我国公立高校一方面被《民法典》[1]《高等教育法》确立为独立法人；另一方面，我国公立高校又是隶属于政府的"事业单位法人""准政府机构"以及法律法规授权行使一定公权力的行政主体。我国公立高校的法律地位亟待在宪法法律层面予以明确，以解决公立高校法律地位"名""实"统一的问题。我国的公立高校公法人化改革，不包括军事院校、各级党委政府直接管理的行政学院（党校）以及各级统战部管理的社会主义学院。未来公立高校公法人地位的明确并不表明其完全脱离"私法人"身份。公立高校即使被明确为公法人，也不影响其与平等主体签订履行合同时以私法人身份出现。公立高校公法人改革的重大意义在于：公立高校的法人格更加独立完整；公立高校与政府之间的法律关系平等化；公立高校自主权仅受政府的合法性监督；财务行为改为《商业会计规制》调整。

公立高校的财政自主权具有权利和权力两种性质。公立高校的财政自主权对外行使时具有权利属性；公立高校对内部资产的分配和使用则表现为权力属性。公立高校财政自主权具有如下特征：一是有限性即受合目的性、合契约性限制；二是合

---

[1]《民法典》即《中华人民共和国民法典》，为表述方便，本书涉及中国法律直接使用简称，省去"中华人民共和国"字样，全书统一，后不赘述。

法性限制；三是效益性或合理性原则；四是财政自主权的内容具有复合性；五是财政自主权的主体具有多元性。公立高校作为独立法人是对外行使财政自主权利的唯一主体；公立高校的二级院系、非法人机构及高校师生也是财政自主权利主体；公立高校财政自主权力的内部行使主体包括公法人、二级院系、党委、校长、财务部门等；公立高校财政自主权力的行使主体分为决策主体、执行主体和监督主体。

公立高校财政自主权利是公立高校对政府和其他主体请求获取经费或财产资助或支持高校运转或发展的权利，包括资产拨付请求权、收费权、捐助受领权、举债权、投资权等。公立高校财政自主权力是公立高校对不动产、资金或财产在法律规定的范围内自由分配、使用、处置的行为能力，主要包括预算权和资产分配使用权，其中预算权又分为预算编制权、预算执行权、预算监督权，资产分配使用权又进一步分为动产（含资金）分配使用权、不动产分配使用权。公立高校财政自主权的客体包括货币、不动产（含土地使用权）、动产、无形资产、股权等。

当下我国公立高校财政自主权利存在的主要问题：一是一般性财政拨款不足；二是专项资金的拨付与管理混乱；三是科研成果转化限制过度；四是公立高校举债自主权不明。当下我国公立高校财政自主权力存在的主要问题：一是高校预决算体制不健全；二是科研经费使用缺乏有效制约；三是公立高校国有资产流失严重。造成我国公立高校财政自主权缺乏有效规范运行的主要原因如下：一是法律制度供给缺位；二是财政活动执行程序机制混乱；三是师生对财政自主权的参与度不高；四是财务信息公开尚不充分；五是外部监督制约机制亟待完善。

建立健全我国公立高校财政自主权的立法保障体系应当着

力做好如下工作：一是在宪法层面明确高校自主权是学术自由的制度性保障；二是立法明确公立高校的公法人地位；三是立法明确公立高校财政自主权的保障制度；四是立法明确公立高校享有独立举债权限；五是立法明确公立高校财政自主权的监督制约机制。完善我国公立高校财政自主权利实现的法治保障机制，应当重点做好如下工作：一是构建政府与公立高校平等法律地位的外部制度环境；二是推动公立高校闲置土地置换或出售的法治化；三是构建公立高校举债权限法治化路径；四是构建社会捐助高校的法律激励机制；五是构建公立高校财政自主权利救济制度。完善我国公立高校财政自主权力控制的监督制约体系，应当着力做好如下工作：一是加强公立高校财政自主权的内部制约制度；二是完善公立高校财政自主权的国家监督制度；三是构建以绩效评估为核心要义的多元社会监督制度，构建多元化的社会公众监督制度。

目 录
CONTENTS

导　论 第一章

一、选题依据

（一）本书的时代背景

经过改革开放后四十多年持续、快速的发展，中国特色社会主义已经进入新时代。2020 年 11 月，中国共产党十九届五中全会审议通过了《中共中央关于制定国民经济和社会发展第十四个五年规划和二〇三五年远景目标的建议》，提出坚持创新、完善国家创新体系，加快建设科技强国，强化国家战略科技力量，提升企业技术创新能力，激发人才创新活力，完善科技创新体制机制等规划纲要。为了促进和实现国家产业的整体转型升级，教育和科学技术对国家富强和民族振兴的重大意义再次被提到国家顶层设计层面。在整个教育体系中，高等教育直面全球高科技及价值链竞争的地位再次突显，其对人才培养、文化传承、科技进步等都起着十分关键的作用，所以高等教育的高质量发展越来越地受到人们的关注。

中华人民共和国成立后，由于受计划经济体制的影响，我国高校形成了公办、公管、高度集中的管理模式。虽然在 1985年发布的《中共中央关于教育体制改革的决定》中明确提出要扩大高校的办学自主权，但是传统模式的影响根深蒂固，政府长期以来对公立高校享有绝对的控制权，我国公立高校似乎也已经适应并接受了这种管理模式。但是，长此以往这种管理模式的弊端也日渐暴露出来，它在一定程度上制约了公立高校发展的动能和潜力，也束缚了我国公立高校科研人员的学术自由及我国高校在全球科技竞争中的影响力。如何改变这种管理模式进而充分调动公立高校及广大师生的积极性、主动性、能动性成为困扰当代中国的历史性课题。

我国是单一制国家，政府被划分为中央和地方政府不同层级。根据承担举办者职责的不同，我国的公立高校大体可划分为两类：一是中央政府代表国家举办的高校，由中央财政负责财政预算，由中央政府国库出资，并由中央政府根据法律法规的规定，制定"三定方案"授权教育部与其他部委主管；二是由地方政府根据地方预算，由地方国库出资的高校。[1]如果从单一制国家的视角来说，都是国家举办的公立高校；如果从与私立高校相对立的视角来说，无论是中央财政还是地方财政出资，都属于公立高校。我国绝大多数高校都由中央或地方政府举办，因此公立高校在我国高等教育中居于主导地位，其所面临的矛盾和问题值得国家和社会各界关注。

为了保障公立高校的学术自由，国家必须给予公立高校一定的办学自主权。但是，授予公立高校自主权并不意味着公立高校享有无限制的自主。由于公立高校由政府出资开办，所以公立高校必须自觉接受中央政府或地方政府对其开展的常规性、法治化的检查、监督、指导。为此，政府有权依法监督高校办学自主权的行使，同时公立高校也必须遵循党的领导，全面贯彻党的教育方针和指导思想。坚持党委领导下的校长负责制，是高校行使办学自主权应当坚持的一项基本原则。目前我

---

〔1〕 申素平、周航、左磊："'公立高校举办者'概念的规范分析"，载《高等教育研究》2020年第5期。

国法律法规将公立高校定义为事业单位法人，但是由于事业单位法人内部结构的设置具有很强的行政性，事业单位法人意味着高校内部机构的设定也要仿效行政机关，这不利于有效保障学术自由。因此，如何更为合理地对公立高校的法律地位进行界定是本书将要重点解决的议题。办学自主权是公立高校学术自由的制度保障，财政自主权是公立高校自主权的物质基础和必备要素，保障公立高校的财政自主权，必须明晰公立高校财政自主权的性质与内涵，这也是本课题研究的基本问题之一。

在当前高等教育改革的大背景下，我们应该肯定公立高校财政自主权运行所取得的成绩，也应当看到公立高校财政自主权仍然存在诸多问题，比如权利缺乏有效保障，突出表现为公立高校获得的一般性财政拨款偏少且有时还不能及时拨付，专项资金拨款虽然相对较多，但支出往往受到更多限制；高校财政权力存在滥用及缺乏有效监督制约现象，一些公立高校的领导因贪污、挪用公款而被查处，上述现象反映出公立高校内部确实存在一些权力滥用问题。因此，如何从法律制度和体制机制层面实现对公立高校财政自主权利的有效保障与财政自主权力的规范运行，是本书研究的又一个基本问题。

公立高校在实施人才强国战略和创建世界一流大学和一流学科的进程中具有极其重要的地位。在依法治国、依法执政、依法治教的背景下，如何确保财政投入稳步增长、办学经费来源逐步拓宽，全面落实高校经费使用自主权、确保经费使用绩效，需要进一步理顺公立高校与政府及其附属机构之间的外部关系，进一步完善公立高校权力监督制约体系，建立健全以财政投入、使用与监督为主线的法治保障体系。这既是贯彻依法治校理念、建设现代大学制度的重要抓手，更是落实公立高校办学自主权，形成政府依法管理高校，高校依法办学、自主管理的必由之路。

（二）国内外相关研究的学术史梳理及研究动态

近年来，国内对高校财政自主权的关注和研究逐渐升温，成果颇丰。已有的研究成果主要关涉如下几个方面的议题：一是从公立高校自主权的性质、基本内涵、历史沿革、内外部保障机制、政校关系等宏观理论层面对高校自主权进行深入解读；[1]二是从考察国外大学自治的历史脉络与当代趋势、国外大学的内部治理机制、中介组织的功能以及政府与学校的关系入手，分析我国公立高校自主权存在的现实困境，提出破解和落实我国公立高校自主权的路径和举措（李昕、薄建国、林正范等）；[2]三是从法学视角解析我国公立高校的公法人地位，诠释大学章程对我国公立高校自主权的功用，反思并构建我国公立高校自主权的法治保障机制（劳凯声、湛中乐、申素平等）[3]。

总体来看，国内有关公立高校办学自主权的研究仍然存在如下缺憾：一是学界对公立高校办学自主权的基本理论研究较多，也比较深入，但对我国公立高校自主权的具体制度研究则相对薄弱，能够推动公立高校办学自主权落到实处的真知灼见更少；二是虽然近年来法学界对公立高校自主权的关注越来越

---

〔1〕 参见袁文峰：《我国公立高校办学自主权与国家监督》，中国政法大学出版社 2015 年版；刘宇文：《高校办学自主权研究》，湖南人民出版社 2014 年版；金自宁："大学自主权：国家行政还是社团自治"，载《清华法学》2007 年第 2 期。

〔2〕 李昕："论公立大学法人治理目标与功能的变迁"，载劳凯声主编：《中国教育法制评论》（第 9 辑），教育科学出版社 2011 年版；林正范、吴跃文："论高校办学自主权的含义、依据与范畴"，载《上海高教研究》1994 年第 2 期。

〔3〕 参见劳凯声："公益性视野下的公办学校定位问题"，载《首都师范大学学报（社会科学版）》2016 年第 6 期；湛中乐、黄宇骁："高校办学自主法解释论"，载《华东政法大学学报》2020 年第 3 期；申素平：《高等学校的公法人地位研究》，北京师范大学出版社 2010 年版。

多，但是对我国公立高校自主权的核心范畴——财政自主权的系统研究尚不多见，只有少数非法学界人士对公立高校的贷款制度及存量债务化解问题给予了关注和评析；三是尽管社会各界对扩大公立高校办学自主权早有共识，对公立高校的公法人地位也争议不大，但对于如何从法律制度上落实和保障高校自主权仍然有诸多理论和现实问题需要破解。为此，有必要以"公法人"理论为分析框架，深入系统研讨我国公立高校财政自主权的权利主体与义务主体、权利保障机制与权力控制机制等，以便为我国公立高校自主权的落地生根提供智力支持。

国外学者研究高校自主权一般以学术自由与高校自治为分析框架。总体来说，英美及受其影响的国家或地区对大学的干预和限制较小，高校自治权也比较大；欧洲国家对高校的干预和限制处于中等水平，高校自治权也略显薄弱；亚洲国家的政府对高校的干预和控制最多，高校自治权最小[1]。当前，席卷世界的高等教育改革正在如火如荼地开展。世界高等教育变革的总向度为：以放松政府管制、引入中介组织、导入市场机制为载体的高校自主权呈逐年扩大态势。在世界高等教育改革浪潮中，国外有许多经验值得我们关注和学习。比如，英国的高等教育基金会和大学校长委员会等中介组织的合同管理模式[2]；美国引入校外人士广泛参与高校治理的董事会制度；法国立法对科学文化和职业公务法人的最新界定，对高校法人资格、财政自主权的强调[3]；德国对高校给予公法社团及国家机构的双

[1] Don Anderson Richard Johnson: University Autonomy in Twenty Counties, *Evaluation and Inverstigations Program High Education Division*, April 1998.

[2] Keiko Yokoyama: Changing Definitions of University Autonomy: The Cases of England and Japan, *Higher Education in Europe*, Vol. 32, No. 4, December 2007.

[3] Thomas Estermann, *University Autonomy in Europe: Exploratory Study*, University Education, Apr. 16 2010.

重注解等〔1〕。

（三）本书相对已有研究的独到学术价值和应用价值

1. 学术价值

（1）本课题属于教育学与法学交叉研究，本书能大大拓展高等教育学的研究视野，为全面深刻地把握、界定和理顺我国公立高校与政府、社会的法律关系，科学界定公立高校与师生之间的法律关系提供新视野、新理论。

（2）用公法学"权利保障与权力制约"的基本理念、基本原则和基本制度研究公立高校财政自主权的主体、性质、权利义务关系、职权与职责内涵、权利与权力的行使方式、程序机制及法律责任等，能够极大拓展我国法学研究领域，实现法学在教育学领域的适度延伸，同时也深化了对教育科学的研究。

（3）公立高校的财政自主权是公共财政学、财政宪法学研究的重要内容之一，对公立高校与中央或地方财政关系的研究、公立高校与社会捐助的研究，将进一步拓展公共财政学、财政宪法学的研究视野。

2. 应用价值

（1）破解长期困扰我国公立高校的财务窘境，化解高校存量债务，构建能够满足我国公立高校持续健康发展的财政支持法治机制，为加快转变政府职能，实现政校分开、管办分离，构建政府、学校、社会之间新型关系，建设现代高校制度提供破解思路。

（2）为贯彻落实和依法规范公立高校办学自主权，形成政府依法管理与监督学校，学校依法办学、自主管理，教师依法执教，社会依法支持和参与学校管理与监督的格局提出具体措

〔1〕 Thomas Estermann, *University Autonomy in Europe: Exploratory Study*, University Education, Apr. 16 2010.

施和实施建议。

（3）为依法明确、合理界定公立高校财务事项的决策权、执行权、监督权，健全公立高校财务决策机构的职权和议事规则，完善高校重大财务事项集体决策机制，大力推进公立高校各项决策的科学化、民主化、法治化提供重要参考。

二、本书的主要研究内容

（一）本书的研究对象

本书的研究对象主要包括我国公立高校的公法人地位，公法人视野下高校与政府、社会之间的权利义务关系，公立高校内部的权力关系，公立高校财政自主权的权利（权力）主体、义务主体、基本属性、基本内涵、行使方式、正当程序、财政自主权的多元保障机制、财政自主权力的内外部制约与监督机制、法律责任追究等问题。

（二）总体框架

1. 中央与地方政府财政汲取的法治限度

租税国家财税汲取有限的理论基础是市民社会与政治国家"二元论"、国家理性的有限性。当前，我国已经迈入租税国家行列。为了涵养税源，国家应依法保障非公有制主体的经济自由权，破除国家对自然资源不必要的垄断，深化国有企业改革，依法规范和提升国有企业的经济自主权，打破公用企业的垄断地位，切实保障公民自雇形态的经济自由权，依法保障小微企业的融资权利。国家财税汲取应遵循法治逻辑，应当在宪法上界定"税"的概念，进而在宪法上规定"税"与"非税"征收的程序性与实体性原则；通过立法把征税权、非税征收权、举债权、国有企业的经营权及利润上缴义务等全面关进制度的"笼子"里面。

近年来，社会各界把主要精力放在中央与地方财政权力的配置之上，忽视了地方财政自主权的权利构造。实际上，地方财政自主权的良好运行建立在结构完整的基础之上。地方财政自主权的完整结构是权力与权利的均衡与统一；只有构筑财政权力与财政权利的均衡配置，才能实现财政权力与财政权利的良性互动；只有实现地方财政权力与财政权利的理性互动，才能实现中央与地方财政关系的科学化、规范化和法治化。补正我国地方财政自主权的权利结构，应当从构建地方政府的公法人地位、缩小地方财政自主权力规范与事实的差异、完善地方财政民主制度、健全中央与地方财政争议协商处理机制的法治化入手。

2. 公法人视野下我国公立高校法律地位的界定

不管是大陆法系国家还是英美法系国家，公立高校普遍具有公法人身份。域外公立高校的公法人身份同时体现在公立高校要受到公法的约束，比如，英国的公立高校要受到自然正义原则、越权无效原则的约束；美国的公立高校要受到正当法律程序的约束；德国的公立高校要受到法律保留原则、比例原则的约束；法国的公立高校要受到合法性原则的约束等。由于各国政治体制、经济体制、文化传统、社会制度存在很大差异，因此虽然域外公立高校普遍具有公法人地位，但是各国公立高校的公法人样态迥异，同一个国家的公立高校也会出现公法社团与公法财团的区别（德国），甚至还有个别公立高校隶属于国家机构的情形。上述情况说明，一个国家的公立高校是否必须具有公法人资格要结合本国的政治、经济、文化和社会现实，千万不能犯简单化的错误。域外虽然采取一定手段试图切断政府介入公立高校的自主事务，但事实上公共财政资金一直都是国外公立高校的主要经济来源。公法人化改革以后，域外对公立高校的管理由过去的高权管制转向市场化的契约管理，第三方独立公正的绩效评估与高校评鉴成为国家财政拨款的基本依据。域外国家或地区推行公立高校公法人化改革之后，普遍采取合法性的方式，只有基于国民教育的需要对国家委托的事项才实行合理性监督。从域外公立高校的法律地位与属性变迁可以看出，它不仅关涉公立高校与政府之间的法律关系，而且还涉及公立高校的内部治理机制。

我国公立高校一方面被《民法典》《教育法》《高等教育法》确立为独立法人；另一方面又被人们认为是隶属于政府的"事业单位""准政府机构"以及法律法规授权的行使一定公权力的行政主体。由此看来，我国公立高校的法律地位亟待在宪法法律层面予以明确，着力解决公立高校法律地位"名""实"的统一问题。我国公立高校的公法人化改革不包括军事院校、各级党委政府直接管理的行政学院（党校）以及各级统战部直接管理的社会主义学院。同时，有必要强调指出，未来公立高校公法人地位的明确并不表明公立高校完全脱离"私法人"身份。公立高校即使被立法明确为公法人，也不影响公立高校在与平等主体签订或履行契约或合同中，以私法人身份出现，更不影响在此类法律关系中适用民事法律规范。公立高校公法人化具有明确的实践目标：公立高校具有独立于政府（举办者）的法人人格；公立高校自主权具有权利、权力双重属性；公立高校的自主权仅受政府的合法性监督；公立高校财务行为受《商业会计规则》规制等。

3. 公立高校财政自主权的法理逻辑构造

公立高校的财政自主权具有权利和权力两种性质。公立高校对其拥有的资产享有法人财产权，依法自主管理和使用。财政自主权对外行使时具有权利的属性；公立高校对内部资产的分配、使用类似于行政管理关系，表现为权力的行使。公立高校的财产来源多元化，财政自主权的主体并不是单一的，对外公立高校作为独立法人是行使财政自主权利的唯一主体，但对内财政自主权利的行使主体是非法人组织（二级院系）、高校师生等多元主体，对内财政自主权力的行使主体具有多样性。按公立高校财政自主权的主体在高校办学中的功能不同可以将其划分为决策主体、执行主体和监督主体。

公立高校财政自主权是指公立高校作为公法人对外时表现为行使权利，公立高校财政自主权利实质上是公立高校对政府和其他主体请求获取财政资金或财产支持的权利。公立高校财政自主权具有如下基本特征：一是公立高校财政自主权的有限性，即公立高校的财政自主权要受到合目的性、合契约性的限制；二是公立高校财政自主权的合法性，即公立高校财政自主权的行使必须合法；三是公立高校财政自主权行使要符合效益原则；四是公立高校财政自主权的主体具有复合性特征；五是公立高校财政自主权本身也具有复合性特征，甚至同一个主体在不同领域体现出权利或权力两种行为能力。

具体来说，高校的财政自主权利主要表现为资产拨付请求权、收费权、捐助受领权、举债权、投资权等。公立高校对内行使的财政自主权定性为权力，它是指公立高校在法律规定的范围内享有自由分配、使用、处置其拥有或控制的财物与资金的行为能力，主要包括预算权和资产分配使用权，其中预算权又可以分为预算编制权、预算执行权、预算监督权，资产分配使用权又可以进一步分为动产（含资金）分配使用权、不动产分配使用权。公立高校财政自主权的客体包括货币、不动产（含土地使用权）、动产、无形资产、股权。

4. 公立高校财政自主权的现状

当下我国公立高校财政自主权利存在的主要问题如下：一是一般性财政拨款不足；二是专项资金的拨付与管理有待加强；三是科研成果转化限制过度；四是公立高校举债自主权不明。当下我国公立高校财政自主权力存在的主要问题如下：一是高校预决算体制不健全；二是科研经费使用缺乏有效制约；三是公立高校国有资产流失较为严重。笔者认为，造成我国公立高校财政自主权缺乏有效规范运行的主要成因如下：一是公立高校财政自主权法律制度供给缺位；二是公立高校财政自主权执行的程序机制混乱；三是公立高校师生对财政自主权的参与度亟待提高；四是公立高校财务信息公开尚不充分；五是公立高校财政自主权的外部监督制约机制亟待完善。

5. 公立高校财政自主权的法治保障

建立健全我国公立高校财政自主权的立法保障体系应当着力做好如下工作：一是在宪法层面规定公立高校自主权是学术自由的制度性保障；二是立法应当明确公立高校的公法人地位；三是立法应当明确公立高校财政自主权的保障机制；四是立法应当明确公立高校享有独立的举债权限；五是立法应当明确公立高校财政自主权的监督制约机制。

完善我国公立高校财政自主权利实现的法治保障机制，应当重点做好如下几个方面的工作：一是构建政府与公立高校平等法律地位的制度环境；二是推动公立高校闲置土地置换或出售的法治化；三是推行公立高校举债权限及程序的法治化；四是构建社会捐助公立高校的法律激励机制；五是构建中国特色的公立高校财政自主权利救济制度。

完善我国公立高校财政自主权力控制的监督制约体系，应当做好如下几个方面工作：一是加强公立高校财政自主权的内部制约制度，其中包括必须坚持党委领导下的校长负责制，发挥校长的行政领导作用，探索建立高校董事会制度，完善公立高校预算刚性法律制度；二是完善公立高校财政自主权的国家监督制度，其中包括加强全国人大或省级人大对公立高校财政自主权力的预算监督，完善审计机关对公立高校财政自主权力的审计监督，建立健全同级党委对公立高校财政自主权力的巡视巡察工作，加强国家有关机关对公立高校财政自主权力违法滥用的法律责任追究机制；三是构建以绩效评估为核心要义的多元社会监督制度，其中包括构建多元化与社会化的高等教育绩效评估机构，构建多元化的社会公众监督制度。

（三）本书拟突破的重点与难点

（1）如何界定政府监督权与公立高校财政自主权的边界是本书的重点和难点，防止出现"一放就乱，一统就死"的局面，破解这一问题的关键是用"公法人"理论和法治理念进行统摄和界分。

（2）公立高校财政自主权的权利主体主要是作为独立法人的高校，中央或地方政府是义务主体，中央及地方政府应当通过中央或地方公共预算，向公立高校拨付相应的基础设施建设资金及一般性财政资金，如何构建政府对公立高校财政拨款的法治机制是本研究的重心，也是社会各界迫切关注的问题。

（3）公立高校在政府财政资金以外多方筹措办学经费是高校财政自主权的重要内容，也是国外引入社会资本、发挥市场竞争，促进高校健康发展的成功经验，通过何种路径实现我国公立高校办学经费的多元化也是本书研究的重点。

（4）公立高校财政自主权在法人内部属于权力，建立健全高校财务事项的预算编制、执行与监督机制，完善高校财务事项的议决机构及议事规则，是本书研究的重点，如何将上述机制融入党委领导下的校长负责制是本书研究的难点。

（5）公立高校的财务属于广义上的公共财政事项，国家审计部门、专项资金拨付机构、纪检监察部门、国有资产监管部门、教育行政主管部门、专项基金捐助机构、高等教育中介机构都有权监督公立高校的财务与资金使用情况，如何从法律上界定上述权力的边界是本书研究的重点。

（四）本书的主要目标

（1）从权利与义务、权利与权力、权利保障机制、权力监督制约机制等法学基本概念分析入手，系统梳理和科学研判我国公立高校的特殊公法人地位，科学界定政府与公立高校的法律关系，为全面开启的依法治校、深入推进的"管、办、评"分离提供宏观理论指导。

（2）为建立健全科学、规范的中央及地方政府对各类公立高校的财政拨款机制，保证公共财政资金在公立高校的公平、公正分配，有效化解高校存量债务，优化公立高校基础设施，保障公立高校的持续健康发展，提出具体制度构建的意见和建议。

（3）鼓励公立高校积极开展与各企事业单位的深度合作，促进"产学研一体化"协调发展，鼓励社会资本积极参与高校后勤社会化改革，激励社会各界踊跃捐助高校，通过设立各种基金或奖学金，支持公立高校健康发展。

（4）引入高等教育咨询服务机构等中介组织参与对我国公立高校人才培养、科学研究、社会服务、文化传承、财务绩效等方面的评鉴，作为政府财政拨款的依据，社会捐助的参考，同时在公立高校与政府之间构筑多层"防火墙"，利用权利救济机制保障中介组织的公正科学评价。

（5）尝试设立有校外人士参加的公立高校理事会或董事会，

参与公立高校的重大决策与治理，完善教职工代表大会制度，建立健全公立高校的年度预决算制度，构建决策权、执行权与监督权分离的高校治理机制，提升公立高校治理机制的民主化、科学化和法治化水平。

三、本书的思路方法

（一）研究的基本思路

本书共分三个层次：一是以我国公立高校的公法人地位为分析框架，在科学界定政府与公立高校的职权与职责、权利与义务关系的基础上，提出并论证政府对公立高校拨款的财政法律义务，提出并论证公立高校作为独立法人，享有多渠道筹集办学经费的权利；二是对我国公立高校的财政自主权进行阐释和解读，分析对其实施控制的必要性；三是从权利保障与权力监督的公法学理论入手，对我国高校财政自主权利的保障机制、财政自主权力的监督制约机制提出具体的构建思路。

（二）具体研究方法

首先，笔者采用实证主义方法，实地考察我国公立高校办学自主权及各高校的财务现状，从中归纳和总结我国公立高校办学自主权，特别是财务自主权存在的内外部问题，将本书的研究建立在翔实经验材料的基础之上。其次，笔者采用比较研究方法，深入考察世界上其他国家公立高校的政府拨款责任、公法人地位、中介组织的功能定位、多渠道筹集办学经费等问题，为我国公立高校财政自主权的构建提供重要参考。最后，笔者采用规范主义分析方法，综合运用宪法学与行政法学、公共经济学、公共财政学的基本理论，揭示公立高校的公法人地位及其权利义务关系，诠释中央与地方政府对公立高校的事务管辖权及财政支出责任，诠释和构建公立高校财政自主权的性质、范围、界限、行使方式、正当程序、监督制约机制等。

四、本书的创新之处与不足

（一）创新之处

1. 研究内容的创新

（1）用"公法人"理论来分析和界定公立高校与政府、社会的关系，更为清晰地理顺政府财政投入义务与高校财政自主权、一般性财政拨款与专项资金拨付、高校外部监管与内部治理等多维法律关系，开创公立高校自主权研究的新方法。

（2）系统阐述公立高校财政自主权的性质、权利主体与义务主体、基本内容、权利保障机制、权力监督制约机制、法律责任追究机制等，开拓我国公立高校自主权研究的新领域。

（3）提出并论证设立中央及地方高校拨款委员会的必要性与可行性，提出由高等教育拨款委员会发行国债或地方公债，置换公立高校存量债务的构想，提出大幅提高对公立高校的一般性财政拨款，减少专项资金拨付比例，保障高校正常教学科研秩序的法治机制。

（4）提出引入中介组织对公立高校进行多维评估，在政府与公立高校之间设立多层"防火墙"的方法，通过签订行政合同实现高等教育管理的人性化、规范化，缓冲政府与公立高校的管理与依附关系，扩大社会对公立高校的监督渠道，开创我国中介组织参与高等教育治理的新机制。

（5）将企业财务会计报告引入公立高校财务管理机制，建立公立高校年度预决算制度，为建立健全公立高校的财务绩效评价和审计监督提供依据，将市场竞争机制引入公立高校管理，建立以结果为导向的公立高校管理新模式。

2. 研究视角的创新

本书是综合运用宪法学与行政法学、财政学及管理学等多学科知识而形成的最新研究成果，全方位、多角度、系统地研究我国公立高校财政自主权的来源、逻辑构造、现状以及法治保障措施，为解决我国公立高校财政自主权的现状与问题提供了综合方案参考。

（二）本书研究的不足

本书的研究仍然存在如下几点不足：一是实证分析尚有待加强。本书对公立高校财政自主权现状的分析只是选择个别公立高校，由于种种原因不能有针对性地选取教育部直属高校、中央各部门与地方政府共同管理的高校的财政自主权现状，因此本书的实证研究资料有待进一步完善。二是公立高校财政自主权力与国家监督之间的法律关系非常复杂，二者之间既存在监督制约不足问题，也存在国家对公立高校的财务监管过度问题，因此如何平衡国家监督与公立高校财政自主权力合理行使的关系，笔者还需要进一步深化研究。三是公立高校财政自主权利的法治环境如何构建方能产生实效，能够真正推动公立高校与政府关系的实质变革，还有待进一步深入考察和研究。

国家公共财政汲取有限的
法治逻辑

2019 年 10 月，中国共产党十九届四中全会通过的《中共中央关于坚持和完善中国特色社会主义制度、推进国家治理体系和治理能力现代化若干重大问题的决定》是决定当代中国命运的关键一招。它表明执政党对中国特色社会主义发展规律和执政规律的认识有了质的飞跃。当然，执政党认识到国家治理体系和治理能力现代化的必要性固然重要，但如何实现这一宏伟蓝图仍然是当代中国需要直面的全新挑战。"中国特色社会主义法治体系"作为十三个"坚持和完善"的制度体系之一再次被着重强调。财政作为"国家治理的基础和重要支柱"亟待全面纳入法治轨道。为此，有必要以国家财税汲取的限度为视角，深入分析当代中国财税汲取的理论逻辑，进而为构建适度、有限、有效的财税汲取制度，形成法治化的财税汲取秩序提供智识参考。

一、"租税国家"财税汲取有限的理论逻辑

现代市场经济体系中，国家原则上不直接从事营利活动，税收是国家的主要财政来源。国家财税汲取要受到客观经济规律及主观纳税意愿的双重制约。从宏观视角来看，现代国家财税汲取的限制主要源于市民社会与政治国家"二元论"及国家

理性有限性理论两个方面。

(一) 市民社会与政治国家"二元论"

市民社会与政治国家的历史逻辑演变分为三个阶段。在古希腊罗马时代，二者高度统一，市民必须参加政治活动，政治国家本身就是市民生活和意志的真实和唯一内容（奴隶除外，奴隶负责创造社会财富）。马克思认为，当时市民的真正事务就是参加政治活动。因此希腊的民主也被称为"不自由的民主"。中世纪则是现实的二元论，政治国家与市民社会彼此重合。财产、商人、社会团体及每个人都有政治性质，一切私人领域都是政治领域，按照领主权、等级及同业公会予以界分和规范。只有到了资本主义主导的近代社会，市民社会与政治国家才逐渐分离。二者分离以后，市民社会与政治国家都获得了长足发展。

在近现代社会，市民社会始终是政治国家的界限。市民社会是社会财富创造的直接源泉，社会财富的创造主要依靠市民社会企业家集团企业家精神的释放，企业家的营利动机及客观行为是社会财富创造的根本动力，是技术革新的"前奏曲"。"开动和保持资本主义发动机运动的根本推动力，来自资本主义企业创造的新消费品、新生产方法或运输方法、新市场、新产业组织的形式。"[1]市民社会虽然是社会财富创造的直接源泉，但市民社会并不是自足的，政治国家作为"必要的恶"与市民社会相伴而生，互为作用、相互影响、共同发展。在自由资本主义时代，政治国家只是维护社会秩序的"小政府"和"守夜人"；在现代社会，政治国家除了维护社会和市场秩序以外，还要担负宏观调控、国民收入再分配和社会资源配置等职能。然

---

〔1〕 〔美〕约瑟夫·熊彼特：《资本主义、社会主义与民主》，吴良健译，商务印书馆1999年版，第146页。

而，无论政治国家的职能如何拓展，其依然要受到市民社会自身运动规律的制约，国家权力的行使仍然要受到合法性和正当性的限制。

总体来说，政治国家的治理逻辑要受到"辅助性原则"的限制，即市民社会能够解决的，无需政府介入；下级政府能够解决的，不要上级政府介入；地方政府能够解决的，不需要中央政府介入。[1]由此要严格界定政府和市场的关系、政府和社会的关系、上级政府和下级政府的关系、地方政府和中央政府的关系。政府不能以"公共利益"为名径直介入市民社会，政府对市民社会的干预要符合"比例原则"，即只有在社会自身不能实现社会公共目的的情况下，政府才可以介入，而且政府的干预要采取最小侵害的方式。

在市场经济体制下，基于市民社会与政治国家"二元论"理论，政治国家原则上不直接从事营利活动。国家履行职务活动所需要的财源主要依靠税收方式从市民社会汲取，特殊情况下国家也可采取非税方式征收社会财富，比如规费、受益费等非税收入。因此市场经济体制又被称为"租税国"体制。租税国是指租税为国家的主要收入来源的国家或地区；租税的目的就是以国家财政收入为目的；现代租税也有社会财富再分配和宏观调控等社会政策目的的干预性税收；征税权是租税国家统治权的主要表现形式，除此以外还有特殊情况的非税征收权。

我国1993年《宪法修正案》第7条中明确规定："国家实行社会主义市场经济。……"在社会主义市场经济体制下，坚持公有制为主体、多种所有制经济共同发展的基本经济制度。坚持按劳分配为主体、多种分配形式共存的分配制度。税收也

---

[1] 葛克昌：《租税国的危机》，厦门大学出版社2016年版，第46页。

是我国当下财政收入的主要来源，当代中国符合租税国家的基本特征。以 2019 年为例，当年税收（未扣出口退税）占财政收入的比例为 92.9%，是财政收入的最主要来源。[1]除了税收收入以外，我国还有非税收入，目前的非税征收包括土地出让金、国家对自然资源的垄断、规费、政府基金等非典型征收手段。但是国家无论采取何种财产征收方式，财税汲取总量都受"拉弗尔曲线"的根本制约[2]。

（二）国家理性的有限性

理性精神在古希腊和罗马时代就已经出现，但此后理性与信仰一直未能实现分离。理性与信仰不分导致理性对信仰的颠覆，信仰往往构成对理性的限制，使其不能贯彻到一切社会行动中去。"只有到了 17 世纪，西方发生终极关怀和理性的二元分裂，两者呈互不相干的状态，理性才可以稳定地成为科学、技术、政治、经济和文化发展的基础，不会对信仰和道德造成颠覆。"[3]理性与信仰的分离启示人们：一是理性只能解决力所能及的事务，理性解决不了的事务要留给信仰关注，诸如宗教、道德终极关怀等信仰层面的事务，世俗国家要有意识地淡出视线。"理性仅仅是一种戒规，亦即对成功行动之可能性的限度所达致的一种洞见，因此它往往只是告诉我们何者不能做。这种戒规之所以是必要的，完全是因为我们的智识无力把握实在的

---

　　[1]　根据财政部报告显示，2019 年全国一般公共预算收入 190 382 亿元，同比增长 3.8%。其中，中央一般公共预算收入 89 305 亿元，同比增长 4.5%；地方一般公共预算本级收入 101 077 亿元，同比增长 3.2%。全国税收收入 157 992 亿元，同比增长 1%；非税收入 32 390 亿元，同比增长 20.2%。载 https://zhuanlan.zhihu.com/p/106223750，最后访问时间：2020 年 10 月 10 日。
　　[2]　拉弗尔曲线是指由"供给学派"代表人物、美国南加利福尼亚商学研究生院教授阿瑟·拉弗提出的。其基本含义是，税收并不是随着税率的增高在增高，当税率高过一定点后，税收的总额不仅不会增加，反而还会下降。
　　[3]　金观涛：《探索现代社会的起源》，社会科学文献出版社 2010 年版，第 7 页。

全部复杂性所致。"[1]二是人类理性的有限性决定了国家作用效果的有限性。因此即使是在国家能力所及的范围内，受主客观因素的制约，国家也未必就一定能把某些事情办好，达到设想的状态。总之，国家作为高于社会又来源于社会的"人造物"，其作用空间及实施效果都是有客观限制的。

　　国家能力有限决定了国家汲取社会资源同样应当有所禁忌。在自由市场经济体制下，政府只是"守夜人"，国家财税汲取基本被限制在提取维护社会和市场秩序等公共服务成本的范围之内。这时期的税与非税收入基本上都是为了解决公共服务成本。这是自由法治国家治国理政的基本理念。

　　到了社会法治国家时期，国家除了维护社会和市场秩序以外，还要履行国民收入再分配、宏观调控及社会资源配置等社会功能。国家上述职能的扩张建立在凯恩斯主义被广泛认可之后。事实上，社会法治国家时期的政府职能扩张也是资本主义各国预算不断扩张的结果，每年一度的预决算账单又是通过制度化的民主程序与非制度化的民主机制互动而实现的。所以，现代国家职权扩张是特定社会共同体集体意识"同意"或"默认"的结果。总之，无论是自由法治国家时期，还是社会法治国家时期，现代资本主义国家的财税汲取能力不仅要受市民社会创造财富总量的客观限制，同时也要受纳税人集体意识的主观制约。

　　"科学主义不仅推进了自然科学自身的进步，而且造成了其他研究领域移植、借鉴自然科学方法，促进了人文、社会科学的迅速发展。但它追求工具理性、忽视价值理性，把自然科学的观念、方法不加限制地外推搬用并规范人文、社会科学，是

---

〔1〕　[英]弗里德利希·冯·哈耶克：《法律、立法与自由》（第1卷），邓正来等译，中国大百科全书出版社2000年版，第37页。

违背科学精神的。"[1]在普遍受科学主义浸润的历史时期，我国长期实行计划经济，国家全面介入市民社会。1978年执政党基于对国家理性有限和能力有限的认知，特别是对市场经济客观规律的认识，执政的方向逐步由"全面管理市场"向"市场秩序维护"过渡，国家开始有计划地从市场竞争中缓慢而艰难地退出。

首先，在农村开启产权制度改革，推行以家庭为单位的农村承包经济责任制，释放和激发农村社会生产力。其次，允许民营企业、个体企业、外资企业等非公有制经济参与市场竞争，逐步放开国家对市场经济的管控边界。最后，通过"利改税"扩大国营企业和集体企业等公有制企业的经营自主权，通过产权改革和公司治理结构改造，赋予其真实市场主体的地位。通过一系列农村和城市体制机制改革，最大限度地调动了农民、国有企业、民营企业及其他市场主体的积极性、能动性和创造性。

总体来说，伴随着我国改革开放以来40多年的经济高速发展，国家的财税汲取能力大大提升。从1993年至2007年，全国财政收入由4349亿元增加到51304亿元，增长10.8倍，年平均增长率达19.3%。[2]2015年国家财政规模持续扩大。[3]从上述数据可以看出，国家有计划地从市民社会退缩，赋予市场主体自身经济自由权，不但没有导致国家财税汲取能力的下降，

---

〔1〕 陈其荣："科学主义：合理性与局限性及其超越"，载《山东社会科学》2005年第1期。

〔2〕 参见刘克崮、贾康主编：《中国财税改革三十年：亲历与回顾》，经济科学出版社2008年版，第382页。

〔3〕 根据财政部国库司2016年发布的《2015年财政收支情况》显示，2015年全国税收收入为12.49万亿元人民币。载http://finance.qq.com/a/20160129/044883.htm，最后访问时间：2020年10月10日。

反而使得我国的综合实力和国家财税汲取能力大幅提升。40 多年改革开放的实践再次确证了熊彼特的预言：技术革新和企业家精神是推动现代社会发展的两大轮子。国家财税汲取能力是国家能力的重要组成部分，要有效提升国家财税汲取能力，必须从依法保障市场主体的经济自由权做起。

二、当代中国经济自由权的法治保障

经济自由权是市场主体的营利动机、意志及其行为的客观化应当受到国家的尊重和保护，并排除公权力恣意侵犯的一种能力与资格。在法律上，经济自由权的含义非常广泛，各国宪法对它的界定不同。通说认为，经济自由权包括居住自由、迁徙自由、职业自由、营业自由、财产自由等。"尽管各国宪法上对经济自由权的界定不完全相同，学者们对它的认识亦不完全一致，但是，对于经济自由权应作为市场主体的一项基本经济权利载入宪法都是没有异议的，而这种共识源于市场经济对法律制度的基本需求，即在法律上应当充分保证个人成为经济决策的主体，使他们能够按照自己的意愿组织生产、从事销售、购买和消费等活动，从而利用自己的有限资源在对他人有利或至少无害的条件下实现福利最大化或者利润最大化。"[1]

长期以来，我国更多重视对具体的经济制度的宪法完善，忽视了对一般意义上经济自由权的宪法保障。我国有学者认为，现行宪法的四个修正案是显性主体，"其隐性主体乃是经济自由权在中国宪法中的扩充与完善"。[2]我国对经济自由权的保障源于 1982 年宪法。1982 年《宪法》第 11 条第 1 款规定："在法律

---

〔1〕　王克稳："论市场主体的基本经济权利及其行政法安排"，载《中国法学》2001 年第 3 期。

〔2〕　邓肆："现行宪法修正案的隐性主题"，载《理论导刊》2014 年第 8 期。

规定范围内的城乡劳动者个体经济，是社会主义公有制经济的补充。国家保护个体经济的合法的权利和利益。"1982年《宪法》第8条第1款规定："……参加农村集体经济组织的劳动者，有权在法律规定的范围内经营自留地、自留山、家庭副业和饲养自留畜。"然而，1982年《宪法》并未规定经济自由权最为重要的内容——私营企业的雇工自由、竞争自由、契约自由等。

在取得广泛共识的基础上，1988年《宪法修正案》对《宪法》第11条增加规定："国家允许私营企业在法律规定的范围内存在和发展。私营经济是社会主义公有制经济的补充。国家保护私营经济的合法的权利和利益，对私营企业实行引导、监督和管理。"为了依法保障私营企业使用土地的权利，1988年《宪法修正案》规定了"土地的使用权可以依照法律的规定转让"。当时，社会各界对计划经济与市场经济关系的争议持续升温，但1988年《宪法修正案》对这一问题并未回应。

伴随着国人对现代市场经济规律认识的不断深化，1992年中央高层对建立社会主义市场经济体制达成共识。1993年《宪法修正案》将《宪法》原第15条规定的国家"实行计划经济"修改为"国家实行社会主义市场经济"。市场经济的宪法定位对于保障企业特别是非公有制企业的竞争自由、契约自由提供了根本法依据，同时也对过去计划经济体制下国家直接管理国有企业的做法给予否定。然而，非公有制企业的经济自由权并未成为一项宪法保护的基本权利，这一任务历史性地留给了1999年《宪法修正案》。

1999年《宪法修正案》进一步提升了非公有制企业的宪法地位，规定个体经济、私营经济等非公有制经济是社会主义市场经济的重要组成部分，个体经济、私营经济也是社会主义初级阶段的基本经济制度。这就从宪法上赋予了公民经济自由权以基本权利属性。伴随着我国市场经济的蓬勃发展，公民及非公有制企业的财产权利日益多样化，远远超出了 1982 年《宪法》规定的"财产所有权"的文义解释空间。公民多元化的现代财产权利亟待凸显国家尊重和保障的公法义务。

为了回应社会各界广泛关注的静态私有财产保障，2004 年《宪法修正案》第 22 条规定："公民的合法的私有财产不受侵犯。""国家依照法律规定保护公民的私有财产权和继承权。""国家为了公共利益的需要，可以依照法律规定对公民的私有财产实行征收或征用并给予补偿。"到此为止，虽然历经几十年的艰难跋涉，但非公有制主体的经济自由权在根本法层面得到了几乎完整的确立。下一步就是从宪法规范到法律规范乃至法律实效层面的事务。

为了落实经济自由权保障的宪法规定，党的十八大以后的新一届中央政府先后取缔几批行政审批事项，取消了几批职业资格准入考试。这些举措都是为了解除国家给市场主体设置的障碍，目的是尊重和保护市场主体的经济自由权。事实上，这些职业资格准入和行政审批事项都与宪法保护的经济自由权直接抵触。只有取缔这些计划经济体制遗留的制度羁绊，才能最大限度地激发市场活力，"藏富于民"，实现"小河有水大河满"。

总体来看，改革开放以来，特别是十八届三中全会以来，我国的产权制度和合同执行已经得到了较好的保护，各类市场主体的经济自由权也确实得到了较好保障。但是当代中国的经济自由权保障仍然有许多值得检讨和完善的空间。尽管我国产权保护和合同执行尚未得到更为有效的保障，但这绝不是一朝一夕所能构建或培育的。当前和今后一段时期内，要加强我国经济自由权的法律保障，笔者认为，应当主要做好如下几个方面的工作。

第一，要以自由贸易区建设为契机，抓紧用法律界定非公有制企业禁止介入的负面权力清单。早在 2005 年，国务院就发布了《国务院关于鼓励支持和引导个体私营等非公有制经济发展的若干意见》（国发［2005］3 号）。2010 年，再次发布了《国务院关于鼓励和引导民间投资健康发展的若干意见》（国发［2010］13 号）。上述规定一方面强调要界定政府投资的范围，另一方面也明确了政府鼓励和引导非公有制经济投资介入基础产业、基础设施、金融、市政公共事业、社会事业等领域。但其仍然存在如下问题亟待解决：一是这些文件仅仅属于政策层面的意见，缺乏权威性、稳定性，也缺乏程序性的可操作规范。二是虽然它强调了要界定政府投资的范围，但如果从法治视角来看，根本解决之道应是采取负面清单方式，明确界定非公有制经济禁止介入的产业和领域。特别是要合理借鉴近年来国内自由贸易区建设的成功经验，从经济自由权保障和法律保留原则的高度，由国家立法机关制定权威的全面规范和界定非公有制经济投资禁止的负面权力清单，全面保障非公有制主体的经济自由权。

第二，要依法打破政府对某些自然资源的不必要垄断，深化国有企业改革，优化国有企业的股权结构，改善公司治理结构，打破国有企业对公用事业的垄断，铲除日益固化的特权利益格局。以城市建设用地使用权为例，近年来，我国各地三线以上城市的房价逐年攀升。虽然中央政府也屡屡动用各种行政手段调控房价，但各地特别是一些一二线城市的房价仍有所增长。房价不断被推高的重要原因就是地方政府对土地出让金这个"土地财政"的过度依赖。

2015 年 2 月，全国人大常委会授权国务院拟定 33 个县市区暂时调整实施《土地管理法》《城市房地产管理法》，关于农村土地征收、集体经营性建设用地入市、宅基地管理制度的有关规定。这说明中央政府已经开始反思过度国有化征收及国家垄断自然资源的弊端，尝试通过实验和法律修改约束地方政府的"利维坦"倾向。要彻底打破地方政府对城市建设土地使用权的垄断地位，应当以集体土地建设用地使用权入市、保障房供应、房产税制改革和中央与地方事权支出责任法治化为系统工程，稳步推进房地产领域的改革和利益调整，为依法保障各类市场主体的经济自由权提供良好的制度环境。

要大力推进国有企业改革，一方面要适度引入非公有制成分，优化国有企业的股权结构，改善公司治理机制，最大限度地调动和保护竞争类国有企业的经济自由权；另一方面要适度引入高级管理人员、科技人员等高层次人才的股权激励机制，充分调动竞争类国有企业的企业家精神及广大科技人员的技术创新动能。

第三，要依法保障公民以自雇形态体现的经济自由权。"自雇主要是指以谋求个人或家庭生存为目的所进行的自雇活动。"[1]自雇既是公民经济自由权的实现方式，也是公民生存权的保障方式。当前，自雇形态的经济自由权往往与现代城市的管理权产生一定冲突。要有效保障公民的自雇形态的经济自由权：一是要用《行政许可法》对各类职业禁止进行清理，把那些与《行政许可法》宗旨和精神相抵触的职业禁止一律取缔；二是要把自雇者依法纳入政府就业促进和社会保障的体系之内，进一步加大各级公共财政的扶持力度；三是要合理平衡好城市管理

---

[1]　车亮亮："论公民自雇权益的法律保障"，载《太平洋学报》2011 年第 7 期。

权与自雇形态经济自由权的关系，城市政府首先要为特定行业的自雇经营者提供必要的经营场地，同时也要依法行使城市管理权，杜绝各种形式的粗暴执法。

第四，要创新小微企业的金融支持模式，加大政府对小微企业的金融扶持力度，依法保障小微企业的融资权利。2014年7月，国务院总理李克强主持召开国务院常务会议，部署多措并举缓解企业融资成本高问题，会议提出了"加大支农、支小再贷款和再贴现力度，提高金融服务小微企业、'三农'和支持服务业、节能环保等重点领域及重大民生工程的能力"等一系列举措。要从根本上解决小微企业的融资困难，必须在法律上创新小微企业的融资模式，加大公共财政对小微企业的金融扶持，依法保障小微企业的融资权益。

三、当代中国国家财政汲取的法治限度

当前，我国已经初步建立了符合市场经济要求的税收法制体系，但是对于直接关系市场主体的税费立法，全国人大及其常委会仅仅颁布了《个人所得税法》《企业所得税法》《车船税法》《耕地占用税法》《烟草税法》《契税法》《环境保护税法》《船舶吨税法》《车辆购置税法》《资源税法》《城市建设维护税法》《印花税法》十二部税收实体法和《税收征管法》，其余的财税权力仍然由国家行政机关行使。从比较法的视角来看，当代中国的财税汲取权还应当从如下几个方面着力加强控制：

（一）国家财税汲取权的宪法控制

要控制好国家财税汲取权力，首先要在宪法层面确立如下精神原则：一是要确立社会主义市场经济体制，为合理规范非竞争性国有企业提供宪法依据；二是把对私有财产权的保障纳入宪法，作为控制国家财税立法权的基础性条款；三是在宪法

上界定"税"的概念，作为法律上"税"概念的上位原则，最大限度地减少诸如通货膨胀税等隐藏式税收的使用；四是在宪法上确立量能课税原则，逐步扩大直接税的征收比例，通过制度化的民主机制与非制度化的民主机制的理性互动抑制各级政府的"利维坦"倾向；五是在宪法上明确干预性税收立法应当符合比例原则，构建科学合理的累进税率、遗产税与赠与税、环境保护税；六是在宪法上对非税征收作出实体与程序的双重限定，规范中央与地方政府的非税征收，尊重和保护私有财产，激励市场主体的首创精神。

（二）国家财税汲取权的全面立法控制

国家财税汲取权的全面立法控制既包括征税权的法律控制，也包括非税征收权的法律控制，当然也包括公债发行的法律控制、国有企业的法律规制等。

1. 国家征税权的法律控制

市场经济体制的国家原则上都是租税国家，租税国家要求国家通过法律严格保护产权，特别是私人财产权，形成对征税权的刚性限制。保护方式为把私人财产权上升到宪法基本权利的层面，以防止税收立法权对市场主体及私人财产权的侵害。我国 2004 年私有财产入宪的核心要义就是限制国家的税收立法权。对国家征税权的限制分为程序限制和实体限制两个方面。

税收征收的程序限制就是形式合法性——法律保留原则，即所有税收立法都应当充分征求民意，并通过立法程序颁布实施。2015 年修正的《立法法》规定，税种的设立、税率的确定和税收征收管理等基本制度都要由法律确定。我国现阶段是以流转税为主体税种的国家，流转税属于间接税。另外，从财税民主的视角来说，税收收入全部纳入地方国库的税种，全国人大常委会在立法时还应当听取地方政府的意见和建议。这也属于中央与地方财政关系法治化的重要体现。

税收征收的实体限制是指税收征收要符合量能课税原则、税源保持原则和比例原则。量能课税原则是宪法中的平等原则在纳税义务负担方面的具体落实。量能课税原则是对早期"受益者付费原则"的反思和批判。"受益者付费原则"相当于现代业主缴纳的"物业费",按照各自受益人获取公共服务的"量"来界定税金缴纳金额。受益者付费原则由霍布斯倡导,亚当·斯密附和。但事实上纳税人获得的公共服务很难获得公正的量化和评价,属于典型的"不可量物"。绝大部分公共服务的性质决定即使没有缴纳任何税收的公众也能够和必须享受,因此受益者付费原则逐步受到质疑,量能课税原则开始走向历史舞台。量能课税原则故意阻断纳税人与政府提供的公共服务之间的联系。这就是黑格尔所说的"社会伦理契约",以区别于市民社会的民商事利益契约。纳税人没有权利要求政府提供特别的公共服务;反过来说,公民即使没有纳税,也有权要求政府提供基本公共服务。

税源保持原则是指国家征税权不能"竭泽而渔",不能伤及纳税人原有财产的本体。"租税国系以纳税人经济上处分自由为前提。纳税客体,原为纳税人处分自由之基础,如遭剥夺,租税国亦无存在之可能。"[1]国家只对动态的财产经济利用行为征税,原则上不对静态的财产持有行为征税,只能例外地征收轻税。

比例原则是针对非以财政收入为主要目的的干预性税收,比如继承税、遗产税、环保税及累进税率等。国家征收这些税收的主要目的不是财政收入,而是社会政策、环境保护或者宏

---

〔1〕 葛克昌:《租税国的危机》,厦门大学出版社 2016 年版,第 121 页。

观调控等旨趣，但这些税收仍然具有增加国家财政收入的客观效果，仍应以租税定义。[1]干预性税收符合比例原则是指征收这些税收要能够达到设立这些税种的目的；在所有能够达到这些目的的手段中，采取开设特定税种的举措对市场经济或市场主体的损害影响最小；上述税种设定给国家和社会公共利益带来的效益要远大于市场经济或市场主体的损失。

2. 非税征收权的法律规制

如果说非以财政收入为目的的税收介于税与非税之间，非税征收则完全不具备税收要素，但其也是现代国家汲取财政收入的重要方式。非税公课是指国家及其他公法上团体基于财政高权而征收的金钱给付，包括规费、受益费及社会保障费等。规费是指以国家提供给付或服务为前提的受益者申请，政府给予其特别的给付或服务，申请者为此偿付行政对价。受益费是指就公共实施的花费，由受益者分担。受益费与规费不同，并非由于其个人事实上是否利用或受益，而在于公共设施的兴建给其提供了利用可能性。"事实上，无论规费及受益费均只能反映部分之成本与费用，原则上国家提供之给付，均非依赖受给付者之报偿能力与意愿。"[2]

非税征收虽然不完全具备税收的强制性特征，但其事实上也具有一定的垄断性和强制性。近年来，非税公课成为德国宪法法院判决与宪法税法学者讨论的焦点之一。根据德国宪法法院的判决，原则上联邦立法机关具有特别公课的立法权，但不是基于《德国基本法》的租税请求权，而是基于《德国基本

〔1〕 葛克昌：《税法基本问题（财政宪法篇）》，北京大学出版社2004年版，第79页。

〔2〕 葛克昌：《税法基本问题（财政宪法篇）》，北京大学出版社2004年版，第58页。

法》的经济法、土地法等立法权。[1]

当代中国的非税征收主要是土地出让金、城市建设综合配套费、新墙体建设基金、机场建设基金等收入。我国至今尚未出台一部统一的非税征收法律，大多数非税征收项目征收的直接依据是行政法规，比如土地出让金；有的则是依据政府规章，比如新墙体建设基金等；还有的是依据地方政府的规范性文件，比如城市配套费等。2015年国务院常务会议决定清理各种涉企收费，其中涉及一大批非法设立的非税征收。这说明中央政府已经关注到非税收入的清理问题。

除了显性的税收及非税征收以外，还有一些隐性税收，比如通货膨胀。德国宪法法院明确判定通货膨胀属于"隐藏式税收"。德国公法学者帕比耶（Papier）认为隐藏式税收应当以违宪视之。瑞士联邦宪法则明文规定对"冷酷累进所造成之结果"——隐藏式增税，在个人所得税发生时，应定期予以调整，欧洲其他国家也有类似规定。[2]

3. 公债发行的法律控制

公债发行过度过量容易导致通货膨胀，不仅会扭曲经济结构，而且会侵害经济自由权，损害代际公平。为此，必须通过立法加强对公债发行的控制。2014年修正的《预算法》在授予省级政府公债发行权的同时，也进一步加强了对公债的控制。《预算法》第34条规定，中央一般公共预算中必需的部分资金，可以通过举借国内和国外债务等方式筹措，举借债务应当控制适当的规模，保持合理的结构。中央一般公共预算中举借的债

[1] 参见葛克昌：《税法基本问题（财政宪法篇）》，北京大学出版社2004年版，第65页。

[2] 参见葛克昌：《税法基本问题（财政宪法篇）》，北京大学出版社2004年版，第113页。

务实行余额管理，余额的规模不得超过全国人民代表大会批准的限额。国务院财政部门具体负责对中央政府债务的统一管理。《预算法》第 35 条规定，地方各级预算按照量入为出、收支平衡的原则编制，除经国务院批准的省、自治区、直辖市的预算中必需的建设投资的部分资金，可以在国务院确定的限额内，通过发行地方政府债券举借债务的方式筹措以外，地方政府不得举债赤字。举借债务的规模，由国务院报全国人民代表大会或者全国人民代表大会常务委员会批准。省、自治区、直辖市依照国务院下达的限额举借的债务，列入本级预算调整方案，报本级人民代表大会常务委员会批准。举借的债务只能用于公益性资本支出，不得用于经常性支出。除前款规定外，地方政府及其所属部门不得以任何方式举借债务。

虽然《预算法》对省级地方政府的举债权进行了明确规范，并要求省级以下地方政府只能通过省级政府举债。然而，事实上，包括省级政府在内的一些地方政府往往绕过《预算法》的上述规定，以融资平台公司方式，利用城市土地作担保，从各类金融机构或国有企业举债，最终形成隐性的地方政府性债务。为了有效规范地方政府性债务，2016 年 10 月，国务院发布了《地方政府性债务风险应急处置预案》（国办函〔2016〕88 号），其不仅明确了中央政府对地方政府性债务风险的不救助原则，还特别规定了对相关责任人的法律责任追究。这对防范化解地方政府性债务风险无疑会起到未雨绸缪的作用。但是从长远来看，我国还需要制定一部专门规范地方政府债务的法律，从举债主体、举债程序、债务用途、期限限制、债务种类、偿债基金设置、紧急救助机制、法律责任追究等方面，对地方政府性债务进行全面规范和约束。

4. 国有企业的法律规制

在社会主义市场经济体制下，国有企业应当限于提供必要公共服务及控制国计民生的范围之内。2015 年 8 月 24 日，中共中央、国务院印发了《中共中央、国务院关于深化国有企业改革的指导意见》。在尚未对国有企业出台专门立法之前，这是新时期指导和推进国有企业改革的纲领性文件。该意见提出，根据国有资本的战略定位和发展目标，将国有企业分为商业类和公益类，推动国有企业同市场经济深入融合，促进国有企业经济效益和社会效益的有机统一。商业类国有企业按照市场化要求实行商业化运作，以增强国有经济活力、放大国有资本功能、实现国有资产保值增值为主要目标。公益类国有企业以保障民生、服务社会、提供公共产品和服务为主要目标。今后，要在总结国有企业改革经验的基础上，抓紧推进国有企业立法：一是要以法律形式界分商业类与公益类国有企业类别；二是要对商业类国有企业的经营范围进行适当限制，防止商业类国有企业侵吞非公有制企业利润；三是要严格禁止公益类国有企业随意进入竞争领域，防止扰乱正常的市场秩序；四是要依法规范商业类国有企业上缴利润，实现国有企业利益的全民共享。

四、当代中国地方财政汲取的法治限度

在单一制中国，地方政府是否享有必要、充足和规范的财税自主权，既是其独立承担财政责任的物质基础，也是其享有独立法人资格的前提，更是其能否提供优质特色公共服务的保障，同时也是中央与地方财政关系法治化的关键一招。在当下中国，地方财政自主权的权力内容的构建普遍受到社会各界关注。但是，地方财政自主权的终极来源何在，地方财政自主权如何保障，特别是地方政府是否享有对抗中央政府不当干预的

权利等，理论界和实务界则关注较少。然而，事实上，地方财政自主权的构建和完善是一个系统工程，缺失任何一部分都可能给整体制度体系带来运转不畅的后果。有鉴于此，有必要从地方政府财政自主权的基本构造分析入手，揭示当下中国地方财政自主权的完整构造，以期为准确把握、科学构建地方财政自主权，特别是为地方财政自主权良性、健康运转提供理论支撑，也为当下亟待构建的中央与地方财政关系法治化提供智识参考。

（一）地方财政自主权的现状

在1991年发布的《国家预算管理条例》中曾经有"赋予地方相应的财政自主权"的相关规定，但在1994年颁布的《预算法》中却被删除。在现有法律规范体系内，我国没有普遍实行地方自治制度，没有地方财政自治权的概念，但规范意义上的地方财政自主权依然存在，尽管地方财政自主权更多以"事实上"财政自主权的面目呈现。

1. "规范"意义上的地方财政自主权

（1）"规范"意义的地方收入自主权。地方收入自主权是衡量地方财政汲取能力的核心范畴。按照收入类型划分，可以将其细化为税收收入与非税收入。地方政府的收入自主权包含税收自主权和非税收入自主权。税收自主权又进一步分为税收自主立法权和税收自主行政权，其核心是地方税收自主立法权。现行《宪法》《立法法》均未把税收立法权下放给地方政府，除非全国人大常委会有特别授权。2018年修正的《环境保护税法》赋予地方政府一定的税收自主立法权，应税大气污染物和水污染物的具体适用税额的确定和调整、同一排放口征收环境保护税的应税污染物项目数增加由省、自治区、直辖市人大常委会决定。未来随着房产税立法的推进，地方政府也将会享有一定的税率调整权、开征及停征决定权等。目前地方政府规范的非税收入主要有政府性基金、政府规费、国有资产及国有资源的收益等三部分组成。公债只是省级地方政府自主收入，省级以下地方政府不享有公债举借权。省级政府有行政事业性收费项目设定权，没有政府性基金设定权，地方政府享有对地方财政形成的非经营性国有资产收益的自主收入组织权。[1]非税收入自主权的核心是收入项目的自主设定权。

（2）"规范"意义的地方支出自主权。地方财政支出应当首先满足法律及中央政府确立的强制性支出。目前，法律和中央政府为地方政府设定的强制性支出如下：一是教育领域的财政支出占国内生产总值（GDP）的4%，该标准已被写入《教育法》；二是科学技术领域的经费增长幅度应当高于国家财政经常性收入的增长幅度；三是农业技术推广的资金应当保障并应逐年增长；四是医疗卫生领域的财政支出要逐年增加，增加幅度不低于财政支出的增长幅度；五是环境保护领域逐步提高污染防治投入占本地区同期国内生产总值（GDP）总值的比重；六是公务员工资水平逐年增长。除此以外，中央政府还会根据需要确定一些强制支出项目，比如，2008年的农村义务教育免除学杂费和书费，提高经济困难补助和公用经费，新型农村合作医疗制度、廉租房、城市居民最低生活保障制度、基本农田建设和保护以及土地整理和耕地开发等。[2]

---

〔1〕 根据《国务院关于加强预算外资金管理的决定》（国发〔1996〕29号）和《行政事业性收费项目审批管理暂行办法》（财综〔2004〕100号）的规定，省级政府及相关部门享有省级以下行政事业性收费的自主设定权；根据《国务院关于加强预算外资金管理的决定》（国发〔1996〕29号）和《财政部关于加强政府非税收入管理的通知》（财综〔2004〕53号）的规定，地方政府性基金的设定权属于财政部，重要的基金设定权在国务院，地方政府不享有基金设定权。参见徐键："分权改革背景下的地方财政自主权"，载《法学研究》2012年第3期。
〔2〕 徐键："强制性支出责任与地方财政自主权"，载《北方法学》2011年2期。

地方政府在满足强制性支出的基础上，可以自主支配自己掌握的财政收入。在规范层面上，地方政府可自主支配的财政收入包括自有财政资源、中央一般性转移支付两种。地方自有财政资源主要包括地方税收收入、共享税分成、地方行政事业性收费和政府性基金、地方的非经营性国有资产收益和国有资本收益等。[1]事实上，在现有中央与地方财政资源配置关系中，中西部地区的地方政府享有的规范层面的财政自主支出权力很小，这一现象在县乡政府更为突出。[2]

2. 地方政府的"事实"财政自主权

如果从事实层面考察，地方政府还有许多"真实"的财政收入自主权和财政支出自主权。比如，2001 年国务院下发《国务院关于加强国有土地资产管理的通知》（国发［2001］15号），实际上等于肯定了国有土地使用权的"招拍挂"制度。地方政府通过市场化操作获得了实际上的国有土地有偿使用费标准设定权。地方政府对于自己收取的土地出让金一般享有自主支出权。2021 年 6 月，财政部、自然资源部、国家税务总局和中国人民银行联合发布通知规定，2022 年以后土地出让金由过去的自然资源部门收取变为税务部门收取。许多业内人士认为，此举将进一步加强中央对地方政府土地出让金的征收与使用的监管。

除此之外，地方政府及政府性公共机构能够通过设立融资平台公司或者违法担保等方式，规避《预算法》设定的举债及担保禁令违规举债或融资。对于这部分资金，地方政府当然享有支出自主权。2014 年以来，在国务院推出的政府与社会资本

---

〔1〕　徐键："分权改革背景下的地方财政自主权"，载《法学研究》2012 年第3 期。

〔2〕　中国过去二十年财政分权的一个突出特点是收入上移、支出下放，这在客观上加剧了乡镇和农村在财权和事权上的不匹配。参见刘勇政、冯海波："中国的财政分权与政府信任"，载《政治学研究》2015 年第 1 期。

合作（PPP）的引导下，一些地方政府开始打着政府与社会资本合作的"幌子"违规举债。为了防止地方政府违规举债，2017年6月1日，财政部、原国土资源部印发《地方政府土地储备专项债券管理办法（试行）》（财预〔2017〕62号，以下简称《办法》）。《办法》指出，土地储备专项债券是地方政府专项债券的一个品种，以项目对应并纳入政府性基金预算管理的国有土地使用权出让收入或国有土地收益基金收入偿还。财政部出台该《办法》的目的就是为了进一步遏制一些地方政府的变相举债行为。

再如，一些地方政府为了弥补财政空缺，违规自行设立一些收费项目，强制对市场主体征收或收取一定的"市场服务费"，严重侵蚀了市场经济体制的健康运行。前文已述，国务院早在2015年就研究部署了"全面清理涉企收费"，并强调指出，凡是没有法律法规依据且未按规定批准，越权设立的收费项目一律取消；坚决纠正擅自提高征收标准、扩大征收范围的行为；凡没有法律依据的行政审批中介服务与收费一律取消；严禁行业协会打着政府旗号擅自设立收费项目及提高收费标准等。然而，由于近年来经济增速的放缓，导致地方政府财政压力进一步增大。为此，2017年2月8日，国务院总理李克强再次召开常务会议，决定进一步清理和规范涉企收费，持续为实体经济减负。国务院两次会议均提出，要抓紧建立收费目录清单制度，切实减少涉企收费自由裁量权。

以上是我国近年来地方财政自主权的概貌。通过认真反思不难发现，无论是规范意义上的财政自主权，还是事实意义上的财政自主权，都仅仅是在"权力"范畴内阐释地方财政自主权。然而，从应然层面来看，地方财政自主权的完整结构应当是"权力"与"权利"的统一与均衡。

（二）现行地方财政自主权的缺陷

地方政府作为一个社会组织，其享有的财政自主权一定会呈现在权力、权利两个不同内涵上，缺失任何一个都会导致其运转不畅。我国当下地方政府的财政自主权即是如此。

1. 地方财政自主权利构造的缺位

从霍菲尔德对法律概念的解析来看，法治化的地方财政自主权应当包含权利和权力两个要素。"权力是指人们通过某种作为或不作为来改变某种法律关系的能力，权力的相关概念是责任，相对的概念是无资格。""权利和义务是相关联的。权利是指一个人可以迫使一个人某种作为或不作为，义务是指一个人应当作出某种作为或不作为。"[1]地方自主的权力是指地方政府或地方公共团体对地方居民的治理权，它实际上是指地方自主单位对内的法律属性；而地方自主的权利则是指地方政府或地方公共团体不受中央政府或其他地方政府非法侵犯的法律特征，它属于地方自主单位作为法律主体对外的法律属性。

地方自主单位的公法人资格与地方自主单位的权利属性的构建与完善休戚相关。公法人资格是地方自主单位启动救济机制的法律人格或形式要件，地方自主单位的权利属性的构建是地方自主主体权力属性落地生根的根本保障，二者相得益彰、缺一不可。

从广义上来说，地方财政自主权的权利属性还包括地方居民对地方财政自主权的政治参与、民主协商及社会监督，以及地方居民（代表）作为全国居民身份或者地方政府作为法人参与中央财政权力的决策、执行及社会监督。在现代信息社会，公民的政治参与和民主协商机制不能单纯依靠传统的"制度化"

---

〔1〕 吕世伦主编：《现代西方法学流派》（上卷），中国大百科全书出版社2000年版，第182页。

的民主机制——代议机构，网络社会开拓出的广袤的社会公共领域——网络空间，为"非制度化"民主机制的开展提供了极为便利的沟通、协商及实施条件。公民可以充分利用网络空间传递、汇集并形成强大的"社会权力"，进而实现由公民集体权利向"公共权力"的华丽转身，实现阿伦特所说的"集体行动产生合法性"的制度逻辑。

当前，我国地方财政自主权的缺陷是"权利"构造的整体缺失。其中，既缺乏地方政府作为权利主体介入中央与地方财政资源调整的专门程序，也缺失法治化的地方财政权利的保障和救济机制，与此相伴，地方居民对地方财政自主权力的监督制约机制也显得乏善可陈。正如有学者所说："由于缺少法律的规范性约束，中央政府在财政权力划分上处于绝对的优势，故而形成了以中央政府的需要为主导进行动态调整的财税体制。在调整过程中，地方政府只是被动的接受者，而不是能够表达诉求、参与决策的积极主体。"[1]比如，1997年印花税的收入分层比例调整、1998年证券交易税由地方税变为共享税的调整、2002年所得税变为共享税的调整、2016年所得税改为增值税后的收入分层比例等都是如此。地方政府从来没有作为权利主体参与其中的博弈或协商程序。

对地方财政自主权的"权利内容"构造的搭建，不仅要关注地方政府作为权利主体积极参与央地财政资源的调整程序，而且要健全地方财政自主权的救济保障机制以及央地财政争议的法治化协商处理机制。在地方财政自主权的权利要素构造方面，德国立法参与模式的相关规定也许值得我们借鉴。《德国基本法》有关联邦参议院有权审议任何有关州的税收份额、财政

---

[1] 刘剑文："地方财源制度建设的财税法审思"，载《法学评论》2014年第2期。

平衡、财政管理或者涉及各种财政的法律，也包括所有针对联邦和州共同预算原则的法律，以及其他涉及更改宪法或者触及联邦与州关系的法律规范的调整。

除此以外，还要科学构建地方居民积极有效地参与地方财政权力编制、审议、执行及预算调整程序，构建地方居民能有效参与地方公共财政权力行使、运行的社会监督机制。在地方财政自主权利建设方面，美国、日本、英国等国家创设的由纳税人提起的公益诉讼机制，可以作为我国地方公共财政权利建设的域外经验借鉴引入。[1]

2. 地方财政自主权"权力"与"权利"的互动逻辑

地方财政自主权的权力属性主要体现在其对地方居民内部的强制性和权威性特征。地方财政自主权的权利属性则主要展现其针对中央政府及相关部门的不可侵犯性及可救济性。无论是联邦制，还是单一制，现代理想国家的中央与地方财政关系图景都是财政权力与财政权利构造的统一、均衡和互动。二者互动的具体路径有二：一是英美模式的地方自治单位作为公法人启动司法程序的权利救济机制，同时辅之以地方居民积极参与地方财政自主权力的立法、执行及社会监督程序；[2]二是法德模式的地方自治单位的公民代表直接实质介入中央财政立法程序的参与协商机制，同时辅之以地方居民积极参与地方财政

---

〔1〕 田巧芝、裴秋玉："试论我国纳税人公益诉讼制度的必要性"，载《商业文化（学术版）》2010年第7期。

〔2〕 在美国联邦与各州关系的构建中，司法实践发挥着至关重要的作用。美国司法体系对于联邦与州之间关系的调节是通过具体的涉及个案的方式间接进行的；美国的共和体制属于"复合"共和体制，即不同层级的政府直接与民众打交道。参见宣晓伟："美国的中央与地方关系：司法调节体系的方式和原则——'现代化转型视角下的中央与地方关系研究'之十"，载《中国发展观察》2015年第5期；宣晓伟："美国的中央与地方关系：制度安排的优点和缺点——'现代化转型视角下的中央与地方关系研究'之十一"，载《中国发展观察》2015年第6期。

自主权力的立法、执行及监督程序，[1]即地方政府通过拟制法人团体或者直接选派地方居民代表平等参与或介入中央与地方财政权力配置的政治立法或司法救济程序，同时辅之以地方居民积极介入地方财政权力的制度逻辑。

这两种模式和机制的共同特点是：地方财政自主权力与权利的融合统一。它是地方财政自主权真正能够科学、规范、良性运转的前提和基础。上述两种模式背后有一些共同的基本原则：人民主权原则、分权原则、规范调节原则、名实相符原则。[2]

上述两种权力与权利互动模式的差异在于：英美模式将地方政府作为法人，构建中央与地方财政争议的司法解决机制，实现中央与地方财政关系的法治化；同时，地方居民积极参与地方财政自主权力的全过程。法德模式的地方居民代表直接介入中央财政立法，地方居民全程参与地方财政权力的运行和监督。

（三）我国地方财政自主权的完善

各国地方财政自主权良好运行首先建立在权力构造与权利构造完整并理性互动的基础之上。为此，有必要在人民代表大会制度的宪法框架下，补正我国地方财政自主权"权利"结构整体缺位的制度漏洞。

1. 地域性公法人构造的必要性

如果把地方政府作为公法人，"地方政府"就是地方财政自主权的法人主体。然而，我国宪法、法律至今尚未明确赋予普

---

〔1〕 德国采取的是"参与式的联邦制"，而非"分离的联邦制"。任何有关州的税收份额、财政平衡、财政管理或者涉及各种财政的法律，也包括针对联邦和州共同预算原则的法律，以及其他涉及更改宪法或者触及联邦与州关系的法律规范的调整，都需要得到联邦参议院的同意。参加童建挺：《德国联邦制的演变（1949—2009）》，中央编译出版社2010年版，第71页。

〔2〕 宣晓伟："对西方国家中央与地方关系的认识和评价——'现代化转型视角下的中央与地方关系研究'之十四"，载《中国发展观察》2015年第9期。

通地方政府独立公法人资格。在实质公法人资格方面，地方政府享有的税收立法权还较为薄弱；规范化的转移支付制度也亟待建立和完善，有限的财力性转移支付距离基本公共服务均等化目标还有相当差距；省以下转移支付尚无明确的规范依据遵循。地方政府无论在形式法人资格方面，还是在实质财权方面，都不具备独立承担财政责任的制度条件。

随着我国改革开放的深入推进和全球化进程的快速推进，中国的市民社会已经获得很大发展。在此基础上，要求加快推进政治体制改革、有序扩大民众参与，实现人民主体地位的地方民主责任制诉求也日渐显现。地方政府作为地域性法人是市民社会组织的一个种类，甚至是最重要一类。"它也具有高度自治性、服务性和法治性，是市民社会中利益集团的利益代表，也是利益集团参政议政的组织。"[1]为进一步构建市民社会与政治国家的良性互动机制，赋予地方政府一定的自主权力是厘定国家权力、保证国家权力健康运行的重要内容，它事关我国有限政府的建构，关涉公民各项基本权利的实现和保障。

赋予地方政府地域性公法人地位和自治权力，必须根据本国国情，在宪法、法律上赋予地方政府一定的财权、财力，使其真正具备独立承担民事财产责任的能力。其中，自主财权主要就是税收立法权，包括税收主体、客体、税基、税率等所有税收要素的确定权，或者至少享有其中某一个或几个税收要素的确定权，非税收入征收权也应纳入其中；地方债管理制度应当以各级政府均有发债权作为目标。[2]在这方面，法国的一些经验

---

〔1〕　刘旺洪："国家与社会：法哲学研究范式的批判与重建"，载《法学研究》2002年第6期。

〔2〕　参见杨志勇："重新认识中央和地方财政关系"，载《地方财政研究》2017年第10期。

值得我们借鉴。法国虽然也有长期中央集权的传统，但近年来却授予地方政府一定的自治权。法国的市镇、省和大区议会虽然不能决定本地区地方税的计税依据，但是它们有权直接决定本地区地方税的税率，只要不超过议会规定税率的 2 倍或 2.5 倍即可。税率调整权也属于税收立法权和自主财权。另外，法国的地方政府在中央政府的授权范围内也可以自行决定开征某种税收。

在学习法国经验方面，我们可以有步骤地授予地方政府一定的税收立法权，构建必要且适度的地方税系。在中央立法确定一定基准税率的基础上，赋予省级政府一定税率调整权和税收减免权，授权省级人民政府自主决定是否开征某项税收。在此基础之上，再通过规范化的财力性转移支付制度弥补一些地方基本公共服务所需的财力。这样就能使省级政府成为能够独立承担财政责任和财产责任的地域性公法人。在省级政府的财政自治和独立财政责任取得成功经验的基础上，在各方面条件都成熟时，再进一步授予县市级政府包括财权、财力在内的相应的自主权力。从而为构建省级、市、县级地方政府作为公法人主体做好准备性工作。

笔者认为，实际上，地方官员可以行使的非正式的财政自主权还有很多。以收入来说，比如各种名目繁多的涉企收费、"自愿捐助"、政府性基金等；以支出来说，各种非强制性支出以外的政绩性投资、政府本不应承担的或然债务，以及近几年中央政府大力推行的 PPP 业务、政府购买公共服务等操作的非规范化。

前文已述，单一制国家并非不能赋予地方政府一定范围的自主权。英国、日本、韩国、法国同属单一制国家，但它们都赋予地方政府一定的自主权。为满足地方自主的财政需求，它们也都赋予地方政府相应的税收立法权。不过，单一制国家地方政府的税收立法权一般都是由中央通过立法授予的。地方政府的税收立法权不能超越中央税收立法赋予的权限范围。

单一制国家授予地方政府税收立法权是近年来财政联邦主义的基本主张之一。"联邦主义：一个同时具有中央和地方决策过程的政府部门，通过它提供相关公共服务水平的选择，基本上根据相关辖区居民（以及其他可能涉及经营活动的人）对这些服务的需求决定。"〔1〕财政联邦主义学说把我国现在的财政分级管理体制与联邦制进行了某种勾连。然而，由于我国在宪法上明确实行单一制国家结构，所以不可能采取"财政联邦主义"体制。

其实，我国地方居民几乎很少参与目前的中央与地方财政权力的配置与角逐。中央政府往往将地方单位的国内生产总值（GDP）增速作为考核地方官员的重要指标，地方官员因而把工作中心放在国内生产总值（GDP）增长速度上。十八大以来，生态文明及绿色发展的理念也正在深入地方政府执政理念并作为地方主要官员考核的指标。"行政部门在多大程度上承担了政治立法者的任务，并且在执行中发展它自己的纲领，它就在多大程度上必须自己来决定论证和运用规范的问题。"〔2〕由此看来，地方财政自主权是经济学、财政学研究如何与政治学、宪法学交流与对接问题。地方政府的财政自主权是一个需要审慎决策的政治与宪法问题，需要运用多学科的力量综合研判和决策。

〔1〕 ［美］华莱士·E.奥茨：《财政联邦主义》，陆符嘉译，译林出版社 2012 年版，第 22 页。

〔2〕 ［德］哈贝马斯：《在事实与规范之间：关于法律和民主法治国的商谈理论》，童世骏译，生活·读书·新知三联书店 2003 年版，第 539 页。

我国至今尚未从宪法、法律上赋予普通地方政府地域性公法人地位。赋予普通地方政府抽象公法人地位仅仅是一个法律地位确认或承认，关键是要从宪法、法律上赋予地方政府实质性的财政自主权力，特别是一定的税收立法权。"在缺失税收立法权的情况下，就不可能有真正的财政自主权，也不可能有真正的央地财政分权。"[1]否则，地方财政自主权的法人地位也会出现"名不符实"的现象，进而形成地方居民继续退居地方公共财政"幕后"，地方主要官员行使"事实上""法外"地方财政自主权的现状。由此看来，要构建地方政府公法人地位，首先要确保地方规范意义上的财政自主权与"事实"财政自主权的一致。

2. 地方财政自主权力规范与"事实"的统一

地方财政自主权规范层面与事实层面分离的实质是价值与事实的冲突。二者冲突的根源是人的认识能力的有限性与法律规范的滞后性矛盾。当然，包括中央政府在内的各级政府及地方官员的趋利性也是规范与事实始终保持一定张力的重要因素。众所周知，理想的状态应当是规范与事实的融合统一，这就是分析法学派所说的"事实"与"价值"的统一。哈特主张的"承认规则"本身就是一种社会事实命题。[2]"事实"与"价值"的统一实际上就是哈特所说的用"内在的观点"接受法律规则。正如哈特所说："把承认规则称为'法'的论据是，为确认这个制度的其他规则提供标准的规则，可被认为是一个法律制度的确定的特征，因此它本身值得称为'法'；把它称为'事实'的论据是，主张这样一个规则存在，实际上对一个实际的

---

〔1〕 苗连营："税收法定视域中的地方税收立法权"，载《中国法学》2016年第4期。

〔2〕 唐丰鹤："哈特法律实证主义的三大命题"，载《理论月刊》2013年第8期。

事实作出外在的陈述，这个事实涉及'有实效的'制度的规则被确认的方式。"[1]只有存在的规范才是有效的规范，反之亦然。"承认规则"是指确认具有某些实际效用的规则，使它们成为这个社会所遵循、有社会压力支持的规则。

在中央与地方财政关系法治化方面，规范层面与事实层面的融合统一是理想法治状态下的中央与地方财政关系，也是地方财政自主权的理想法治状态。然而，在事实上，二者张力的存在和运动属于中央与地方财政关系发展变迁的常态。但是，如果出现以下两个方面情况，就超出了规范与事实背离的正常范围：一是地方财政自主权的规范层面与事实层面的全面或绝大多数脱离，无论是收入自主权还是支出自主权都是如此；二是地方财政自主权的规范层面与事实层面的长期背离。

要实现地方财政自主权规范与事实的"名实相符"与"实至名归"，必须努力构建和实现中央与地方财政关系的"良法""善治"。

第一，要按照"事权与支出责任相一致"的原则，构建科学、规范、完善、高层次的中央与地方各级政府的事权、支出责任、财政收入及转移支付等相关财政制度，同时辅之于规范的中央与地方关系的调节机制。

第二，要加强对相关中央与地方财政关系法律制度的落实、督查、监督和法律责任追究。2017年中央多次出台针对地方政府超越《预算法》规避举债禁令的相关规定就是例证。

第三，要认真探究、归纳和提炼制约中央与地方财政权力科学配置的体制机制性障碍，及时查漏补缺，做好中央与地方财政关系法律规则的立、改、废工作。2014年修正的《预算

---

〔1〕［英］哈特：《法律的概念》，张文显等译，中国大百科全书出版社1996年版，第112页。

法》赋予省级政府举债权，2017年5月财政部、原国土资源部印发《地方政府土地储备专项债券管理办法（试行）》（财预〔2017〕62号），都是国家实现规范与事实层面统一的示范。伴随着我国市场经济体制的完善及新一轮中央与地方财政关系法治化的推进，未来中央与地方财政关系"规范"与"事实"的冲突将大大缩小，二者的融合统一将逐渐成为常态，地方各级政府具备实质公法人的财政条件一旦成熟，在宪法法律上赋予地方政府公法人地位才能最终落地。

3. 地方财政民主制度的完善

《预算法》规定了地方各级人大对预算的审议、监督制度。这是我国地方财政民主的法律规范。这一制度在实际落实上仍然存在诸多问题，比如，地方居民对地方公共事务的参与热情不高，地方民主机制有待拓宽，这其中既有历史的原因，也有制度操作模糊的因素。党的十九大报告指出："发展社会主义民主政治就是要体现人民意志、保障人民权益、激发人民创造活力，用制度体系保证人民当家作主。"近年来，佛山、哈尔滨、温岭、顺德等地尝试推进参与式预算，让人民群众参与地方预算的编制、审议、监督等过程，开创了地方财政民主的成功实践。然而，目前参与式预算尚未成为各级政府的法定义务和主要模式，是否推行参与式预算主要源于各级政府的态度，人们对参与式预算的政府层级（省、市、县、乡镇）、参与式预算的限度及范围等仍存在一些争议。〔1〕实际上，公民的财政权是从公民的私人财产权衍生的权利，它具有罗伯特·阿列克西所说的大家能够理解的实际意义、政治正当性以及高于法律权利的位阶等宪法性权利的特征，公民的财政权具有知情权、参与权、监

---

〔1〕 参见吕华、罗文剑："参与式预算：财政民主的可行性与限度分析"，载《江西社会科学》2016年第7期。

督权和救济权等内容。[1]我国宪法虽然没有明确规定公民的财政民主权利，但《宪法》第2条规定了人民行使国家权力的机关是全国人民代表大会和地方各级人民代表大会。人民依照法律规定，通过各种途径和形式，管理国家事务，管理经济和文化事业，管理社会事务。上述规定可以作为公民财政民主权利的宪法渊源。

当前，人类已经全面进入高度发达的信息社会，公民的权利意识和民主观念正在逐渐兴起，我国的中产阶级队伍也在不断壮大，各级地方政府应当通过听证会、协商会、网络民意等多种形式，有序扩大地方居民对地方财政事务的知情权，依法维护地方居民对地方财政事务的决策参与权，有效保障地方居民对地方财政事务的监督权和救济权。美国、英国、日本等国家，都设立有公民可以针对财政管理部分或地方政府违法或不当的财政行为提起公益诉讼的权利的相关规定。国外的公民财政公益诉讼分为民事公益诉讼和行政公益诉讼两种。[2]当然，我国是否引入公民财政公益诉讼制度还值得进一步研究。但无论公民财政公益诉讼制度是否设立，各级地方政府都应当通过各种形式依法保障公民对地方财政事务的财政民主权利。

4. 中央与地方财政关系协调处理机制的构建

关于如何构建中央与地方关系的协调和处理机制，国内学者主要有两种观点：一种观点认为，应当合理借鉴国外司法解决中央与地方关系的成功经验，构建司法审查机制解决中央与地方权限争议。[3]另一种观点认为，利用专门法的形式或者通过地方参

〔1〕　参见胡伟："财政民主之权利构造三题"，载《现代法学》2014年第4期。
〔2〕　参见胡伟："财政民主之权利构造三题"，载《现代法学》2014年第4期。
〔3〕　参见张千帆："中央与地方关系法治化的制度基础"，载《江海学刊》2012年第2期；王理万："行政诉讼与中央地方关系法治化"，载《法制与社会发展》2015年第1期；郭殊："论中央与地方关系中的司法调节功能——以美国联邦司法判例为线索"，载《法商研究》2008年第5期。

与中央立法程序，规范和调整中央与地方利益冲突和争议。[1]两种观点的趋同点是构建中央与地方利益关系的法治化解决机制，两种观点的差异是基本理念和出发点不同，前者属于比较典型的个体主义权利保障机制思维模式，后者则是共同体主义、集体主义的思维范式。

我国的根本政治制度是人民代表大会制度，人民代表大会制度的基本政治逻辑是整体主义、集体主义思维。未来中央与地方财政关系的法治化及地方财政自主权的构建也必须在人民代表大会制度的框架下进行。我国选择由地方居民或居民代表分别参与中央政府及地方政府财政权力的行使，特别是中央政府财政立法权的行使，比较契合我国人民代表大会制度的现行宪法框架。《宪法》《预算法》已经构建了比较完善的地方居民广泛参与的地方财政民主机制，而全国人大及其常委会的人大代表也由省、自治区、直辖市、特别行政区和军队选出的代表组成。按照法德模式构建中央与地方财政关系协调处理机制，只需在全国人大或全国人大常委会下面设立一个协调中央与地方关系的委员会即可。

五、政府资助公立高校经费的有限性

（一）政府资助公立高校经费有限性的理论基础

1. 政府责任有限理论

民主社会的到来，基于公权力是"必要的恶"，通过立宪的方式确立了有限政府原则，任何公权力的权限都是有限的，只能在法定的权限内行使职权。权力有限的同时也意味着其能力

---

〔1〕 参见谭波："论完善中央与地方权限争议立法解决机制"，载《法学论坛》2009 年第 3 期；孙波："以利益为视角探索中央与地方关系法治化"，载《社会科学战线》2016 年第 9 期。

有限，政府仅能在一定范围内通过权力的行使维护社会的公共利益。政府权力有限与能力有限必然产生有限的责任，不能因为其行使一定的公权力而要求其对社会事务承担无限责任。政府责任有限意味着政府有责任保障公民的基本权利，但其仅在一定程度和范围内保障，不能无限保障公民生存与发展。公民在享受权利和自由的同时，也要承担一定的风险与责任。〔1〕就高等教育而言，教育具有公益性，政府被赋予管理和服务高等教育的权限。因此，政府首先要通过权力的行使设立高校，并划拨土地、经费、资产等保障高校的正常运行公共财产。但是，政府的能力要受制于社会经济的发展水平，政府仅能在其公共财政许可的范围内承担发展高等教育的责任。政府的公共财政是有限的，有限的财政收入不仅要投入高等教育，还要投入基础教育、医疗卫生、养老、公共交通等公共服务领域。因此，政府对公立高校的经费资助只能是有限的。

2. 高等教育成本分担理论

20 世纪 80 年代，美国学者约翰斯通提出了高等教育成本分担的主张，他认为，高等教育的产出收益明显，对国家、社会及个人都能产生效益。任何国家的高等教育成本都应当由受益人来分担，并根据受益的多少来分担相应的教育成本，受益越多则应承担越多的成本。同时，在进行成本分担时还要考虑支付能力，支付能力越强，负担的成本也应越多。高等教育的成本可以由政府、个人、社会共同分担。〔2〕高等教育的受益人具有多元性，政府通过高等教育培养高等人才为提高公民素质、

---

〔1〕　参见张胜军："政府教育责任的有限性及其边界"，载《教育学术月刊》2012 年第 8 期。

〔2〕　参见［美］D. B. 约翰斯通：《高等教育财政：问题与出路》，沈红、李红桃译，人民教育出版社 2004 年版，第 4 页。

促进经济发展、净化社会环境等提供了智力支撑，应当承担一部分高等教育的经费；高校学生通过接受高等教育能够在未来的就业中获得更好的就业机会，获得更高收入，享受更好生活状态，所以其应当承担部分教育经费；社会企业等非政府组织通过招聘高素质人才而得到更好发展，也应当通过税收、捐赠等方式承担部分教育经费。尽管在多元投入主体中，政府代表国家获益最多，是最大的赢家，应当作为主要的资助者，[1]但其不应当承担全部教育成本。高等教育的产出效益主要包括社会效益和个人效益，政府对高等教育经费的投入应当与其获得的社会效益相当，受教育者应当负担与其获得的个人效益相当的教育成本费用。总之，基于"受益者付费"的原则，政府对公立高校的资助应当是有限的。

3. 准公共产品理论

从经济学的角度看，各类社会产品根据其需求和消费的方式可以分为公共产品、准公共产品和私人产品。公共产品具有非排他性、非竞争性，一个人的消费不会减少他人的消费。私人产品具有排他性和竞争性，一个人的消费会直接导致他人无法消费该产品。而准公共产品则介于二者之间，兼具二者的部分特性，[2]具有一定的竞争性和排他性。从产品消费带来成本的角度来看，公共产品不会因为消费者的增多而增加产品的成本，而私人产品则会因为消费的增多而增加成本。准公共产品则表现为，当消费者控制在一定数量范围内，不会增加成本，但当其达到一定的数量则成本开始上升，而达到某一数量时则

---

〔1〕 参见王处辉、彭荣础："我国现行高等教育成本分担政策评议"，载《高等教育研究》2007 年第 1 期。

〔2〕 参见陈其林、韩晓婷："准公共产品的性质、定义、分类依据及其类别"，载《经济学家》2010 年第 7 期。

成本非常大。[1]高等教育是典型的准公共产品。当接受高等教育的学生数量处在国家提供的高等教育容纳规模范围以内时，其具有非排他性和非竞争性，高校的教育成本不会因为人员的增加而变大。而当学生数量不断增加，其排他性与竞争性则会呈现，教育成本也随之增加。既然高等教育在一定范围内具有非排他性和非竞争性的公共产品属性，那么，政府就应当承担该部分的教育经费。而学生数量增加会导致教育产品成本过大，使得高等教育具有竞争性与排他性，学生就应当为自己的消费承担部分成本，不能让政府承担过度的费用。因此，从经济学的角度分析，政府对公立高校的资助也应当是有限的。

（二）域外政府资助高校经费的有限性

第一，考察美国、英国等国高校经费来源的历史可以发现，政府对高校的经费资助在高校经费来源中的占比在不断缩小。早期，高校基本由政府承担教育费用。随着高等教育从精英走向大众化，高校教育经费的来源开始多元化，不再由政府全额买单。自20世纪80年代以来，世界范围内的高等教育财政经费占比一直在下降，高等教育规模增长速度远高于政府的财政投入增长速度。而且，政府对高校资助的金额占学校总收入的比例在减少。比如英国，第二次世界大战之后到20世纪70年代，英国高校的教育经费主要来自政府的拨款，在1963年至1967年间，政府对高校的拨款占高校收入的3/4。但20世纪70年代中后期以后，在经济放缓的背景下，国家开始调整财政政策，特别是伴随着英国高等教育大众化的到来，政府对高校生均经费的财政资助比例不断下降，从1976年到1995年的20年间，生均公共经费下降了40%。在接下来的10年，英国高等教育统计

---

〔1〕　参见苏林琴："公共性：高等教育的基本属性"，载《现代教育科学》2009年第2期。

局的统计数据显示，随着政府财政的紧缩，高等教育拨款委员会的拨款占高等教育经费总量的比例呈逐年下降趋势。[1]在德国，早期的高等教育经费主要由政府承担，学生基本不承担学费，第三方承担的费用也很少。但从 21 世纪初开始，随着金融危机对德国财政的影响，德国高等教育的财政投入占比也开始下降。在部分国家，当高等教育从大众化走向普及化时，政府资助的比例减少更多。比如美国，在高等教育大众化的初期，1975 年至 1976 年，联邦政府和州政府对公立高校的拨款占高校经费收入的 16.3% 和 30.9%，从而让更多的人有机会接受高等教育，进而促进经济发展、社会稳定。然而，当高等教育普及化之后，在 1978 年至 1984 年，联邦政府和州政府对公立高校的投入在高校收入中的比重降为 4% 和 29.3%。[2]由此可见，在国外政府资助高校的发展历程中，政府作为高校经费主要供给方，其投入占比在不断萎缩。

第二，从当前域外高校收入的构成来看，各国在财政收入有限的情况下，基于高等教育的准公共产品属性，深入实践成本分担。高校经费来源的多元化基本定型。高校经费来源主要包括政府拨款、学费、社会捐赠、销售与服务收入等。在美国，公立高校的收入首先来自政府，主要通过联邦政府和州政府的拨款实现。联邦政府对公立高校的拨款占其收入来源的 10%，州政府的拨款占比为 35% 左右。其次来自学生缴纳的学杂费，在公立高校，学生的学杂费占学校收入的比重不超过 20%。另外，高校还可以通过社会服务、捐赠等获取一定的收入，其中，

---

〔1〕 参见王涛涛："英国高等教育政府经费资助政策研究"，载《世界教育信息》2017 年第 6 期。

〔2〕 参见孙阳春、尹晓丽："美国两级政府高等教育经费投入演变分析"，载《教育与经济》2012 年第 3 期。

通过向社会提供商品和服务的收入在学校经费来源中的占比超过20%。从美国公立高校的收入现状来看，政府的财政拨款是其总收入的一部分，而非全部。也就是说，政府的财政投入是有限的。在英国，近年来，政府通过拨款委员会提供给高校的经费占到高校收入的40%。同时，随着英国高校收费制度的改革，英国学生承担的学费在不断上涨，这也使得高校收取的学费占到学校收入的20%。高校获得的社会捐赠以及向社会提供的服务收入占比高达40%。[1]可见，在英国高校的收入中，政府的财政拨款虽然占比较大，但也仅是其收入中的一部分。同样，在德国，也在不断进行高校经费多元化的改革。德国在保证政府财政拨款不断增加的基础上，从2005年开始推行高等教育领域的上学缴费制度，各高校采用不同的方式增加收取学费的收入。另外，德国高校在与企业的合作中创收增长迅猛，其收入主要来自与企业合作开办科技园、设立企业项目及企业捐赠基金会等。与此同时，德国高校还充分利用高校知识创新的优势，通过专利转让、技术咨询、开展培训等形式获得收入。从典型国家高校经费的组成现状可以发现，发达国家高校的收入不再由政府主导，经费来源多元化也意味着政府的资助是有限的。

（三）我国政府资助公立高校的有限性

第一，政府财政收入的有限性。虽然我国经济纵向来看发展较快，国内生产总值（GDP）增长迅速，但经济发展带来的财政收入总量还比较有限。作为发展中国家，有限的财政收入要分配到各个公共事务领域，教育、养老、医疗、基础设施等。因此，投入教育领域的财政只能是财政收入的一部分。在财政

---

〔1〕 参见黄约："发达国家高等教育投入机制的比较与借鉴"，载《湖北社会科学》2009年第4期。

促进教育事业发展过程中，基于基础教育的公共产品属性，财政对基础教育的投入更为重要。因此，国家财政对高等教育的投入仅能是其中的一部分，必然是有限的。另外，自2009年以来，高等教育逐渐实行中央政府和省级政府两级管理，并以省级政府管理为主的体制。管理体制的改革也影响了高校的财政经费来源。[1]我国的高校管理分属不同的层级，其中包括部属高校、省部共建高校、省属高校、(设区的)市属高校等。对于占比最大的省属高校来说，因其财政经费来自省级财政，必然要受制于地方的经济发展水平。而我国多数省份经济发展水平对地方财政收入的贡献是有限的，也就制约着地方财政对地方高校的财政资助。无论是地方高校财政性教育经费占地方生产总值的比例，还是高校预算内财政经费占地方财政支出的比例，多数地方高校从地方财政中获得的数额都是十分有限的。另外，地方财政对地方公立高校的财政资助还受到地方政府官员政治周期、政绩考核以经济建设为重，以及无法限制毕业生就业地域选择等因素的影响，导致地方政府通常有削弱对公立高校财政资助的意愿。[2]

第二，我国高校规模的日益扩大难以让政府全部买单。2008年，我国高校的毛入学率达到了23%，各类高校总规模2907万人，实现了高等教育的大众化；而到了2019年，高校的毛入学率已经达到了51.6%，在校生人数总规模达到4002万人，高等教育进入了普及化阶段。根据准公共产品理论及教育成本分担理论，当高等教育消费人数控制在一定的范围，既定

〔1〕 参见秦惠民、杨程："地方政府对高等教育投入努力程度的实证研究"，载《国家教育行政学院学报》2013年第7期。

〔2〕 参见郭化林、谢姝莹："地方政府政治周期与高等教育财政投入支持强度指数——基于2001-2015年3个'五年计划'的省际面板数据"，载《中国高教研究》2017年第9期。

的教育规模能够容纳，其边际成本为0，而当高等教育消费人数不断增加，超出既定的容纳限度，则会因为受教育人数的增加而增加教育成本。因此，由于教育规模扩大而产生的教育成本，受教育者个人也应当分担，付费上学。在接受高等教育过程中，越来越多的个体因知识改变命运，也会使得更多的企业组织因员工素质的提升而获利更多。当然，基于高等教育的外部性，国家是最大的受益人，应当承担主要的经费责任。正是基于以上原因，我国《高等教育法》规定，国家建立财政拨款为主，多渠道筹措高等教育经费为辅的高校财政供养体制，使高等教育事业发展同经济和社会发展相适应。在我国高等教育普及化来临以后，个人、社会应当与政府一起承担高等教育的费用。政府财政资助、个人缴纳学费、社会企业捐赠等是公立高校重要的收入来源。在稳步提升政府财政资助的同时，还要扩大社会投入，合理调控个人缴费比例。[1]让各方有限的资助形成合力，进而保证公立高校享有充足的经费资源。

第三，公立高校服务创收是其经费来源的组成部分。高校是知识创新的场所，知识是一种特殊的经济产品，知识转换为生产力是高校自我创收的应然路径。正如约翰斯通所言，高校的自助能力也是制约政府不会增加经费资助的重要因素。[2]高等学校通过专业知识服务而获取的收入，使得它在没有公共投入的情况下，仍然能够运转。从发达国家高校经费来源情况看，政府缩减对高校的投入，也刺激了高校通过知识服务与成果转化来增加收入。高校科技服务的收入是发达国家高校经费多元

〔1〕　参见季俊杰："论普及化初期高等教育投入结构的优化方向与对策"，载《教育学术月刊》2020年第8期。
〔2〕　参见［美］D.B.约翰斯通：《高等教育财政：问题与出路》，沈红、李红桃译，人民教育出版社2006年版，第155页。

化中不可缺少的部分。我国的高等教育作为准公共产品，一直以来习惯于依赖政府的财政资助。但政府不是高校的"救世主"，面对高等教育规模的扩大以及政府财政资助比例的缩减，高校自身要行动起来，增强自我创收的能力。公立高校在科研创新方面已经取得了一定的成绩，在国家科技成果奖中占比较大。高校的专利等知识产权应当通过科技成果转化等方式服务社会，进而增加高校自身的经费来源。我国公立高校还可以通过为社会提供咨询服务、校企合作等形式服务社会，进而增加自身收入，补充公共财政资助的缺口。

我国公立高校的公法人地位界说 第三章

虽然《教育法》第 32 条规定了学校及其他教育机构具备法人条件的，自批准设立或者注册之日起取得法人资格，《高等教育法》第 30 条也规定了高校自批准之日起取得法人资格，高等学校的校长为高校的法定代表人。但是，事实上，我国公立高校的身份地位既存在法人属性的争议，也存在法人内涵及治理机制的争议。由此看来，研究公立高校财政自主权必须首先厘清我国公立高校的法人地位及其相关法律问题。在分析研判我国公立高校的法人属性以前，有必要先梳理一下国外主要国家或地区公立高校的法律地位。

一、域外主要国家或地区公立高校的法律地位

公立高校法律地位在英美法系和大陆法系国家中有不同的规定和特点，下面分别对英美法系与大陆法系国家公立高校的法律地位和属性作简要介绍。

（一）英美法系国家公立高校的法人地位

1. 美国公立高校的法人地位

虽然直至 20 世纪 30 年代，有关国立高校的提议仍然不断被提交国会，但是这个运动最终也没有产生梦想的结果。到第一次世界大战结束的时候，美国的高等教育就已经达到世界领先水平，一百多年来美国国立高校梦想的支持者希望通过国立大

学实现的目的，却通过让国立高校独立于中央政府权力的途径实现了。[1]由于美国联邦宪法对国家举办国立高校的限制，使得"美国开始形成以州主导的教育体制而不是单一的国家教育体制。联邦政府不能扶持国家的教育机构，它的资助必须通过州政府或者直接资助州立学院和大学的渠道来实现"。[2]但一个不争的事实是，"而联邦政府也从未放弃对高等教育的调控的努力，只是在宪法的限制之下，不断寻求合适的介入方式，以土地捐赠、教育信息服务、认证、学生财政资助和研究资助等不断丰富完善的方式对高等教育实行资助和干预，将国家的需要深深地渗透到高等教育的发展之中"。[3]美国国立高校计划的长期失败导致美国高等教育能够排除中央权力的直接约束，高等教育的分权体制同时也导致美国的高等教育呈现多元化和多样化的特色。

囿于美国联邦宪法对国立高校的限制，美国的公立高校都是州立高校。美国的州正式承担和履行高等教育功能，对州立高校实施公共控制，是在州政府结构已经形成之后。当前，美国的公立高校可以分为以下四种：

第一种是早期州立高校以及持续到晚近时候的个别例子，被视为私法人。[4]

第二种是政府机构，该政府机构是根据州法律设立的，从法律角度来看，公立高校是政府的组成部分，与其他州政府的

〔1〕参见和震：《美国大学自治制度的形成与发展》，北京师范大学出版社2008年版，第118页。

〔2〕George N. Rainsford, *Congress and Higher Education in Nineteenth Century*, The University of Tennessee Press, 1972. 27. 转引自和震：《美国大学自治制度的形成与发展》，北京师范大学出版社2008年版，第119页。

〔3〕和震：《美国大学自治制度的形成与发展》，北京师范大学出版社2008年版，第121页。

〔4〕Duryea, Edwin D., *Academic Corporation：A History of College and University Governing Boards*, Falmer Press, 2000, pp.159~160.

组成机构相比，公立高校享有一些特殊权利，例如颁发毕业证、自主征收学费等，同时也要受到法律的严格控制。这类公立高校有的具有法人资格，有的不具有法人资格。

第三种为公共信托，与第一种类型相比，公立高校不再是政府的组成部分，而是具有独立人格的受托人，要受到作为信托人的政府的监督和制约，不能脱离政府的监管，在履行作为受托人的义务时也要为公民提供高等教育服务。以公共信托形式存在的公立高校不属于政府机构，不必受州行政法的约束，但也不能主张州的"主权豁免"。[1]基于英美信托法的约束，受托人对受托财产的管理和使用要受目的公益性、公共利益、目的排他性三个制度的制约。

第四种类型是州宪法上自治高校，通过州宪法的规定享有自治地位，管理机关相对独立于州的机构，有的确实被议会控制而独立于政府，有的则相对独立于二者。[2]

尽管上述几种高校的法律性质各不相同，但都可以称为法律意义上的公共机构。从法律地位上来看，可以分为具有法人地位与不具有法人地位两种。目前各州宪法或法律原则上皆认为公立高校为法人，仅有少数法院判例认为公立高校为准法人，还有一些大学以外的高校没有法人资格。总之，属于公共机构的高校法人地位实质上是一种公法人。[3]有一点必须强调指出，

〔1〕 申素平：《高等学校的公法人地位研究》，北京师范大学出版社 2010 年版，第 73 页。

〔2〕 在美国 50 个州中，有 35 个州在其宪法上赋予该州的高等教育制度以宪法地位，有 14 个州赋予高等学校宪法上的基本独立权，使其享有较高程度的宪法自治。参见申素平：《高等学校的公法人地位研究》，北京师范大学出版社 2010 年版，第 74 页。

〔3〕 申素平：《高等学校的公法人地位研究》，北京师范大学出版社 2010 年版，第 75 页。

美国州立高校依据宪法和普通法律所享有的自治地位是相对于州政府和立法者而言的，并非针对社会公众的自治。州立高校也并非都是公法人，是否具备公法人要依据州宪法或者普通法律的规定来判断。

2. 英国公立高校的法人地位

英国高校的法人身份是通过多种多样方式取得，如皇室特许、议会授予、登记取得等。[1]"公法人在英国主要是指除具有一般职权范围内的中央行政机关和地方行政机关以外，享有一定的独立性和单独存在的法律人格，并从事某种特定的公共事物的行政机构，并相当于法国的公务法人。"[2]高校与其他行政主体一样，需要遵循行政法的基本原则，比如自然正义原则、正当程序原则等，救济的程序适用调卷令与强制令之类的特别救济。英国高校将古典时期的绝大多数特征沿袭了下来，法人成员主要是高校的教师和博士研究生，而且是可以变化的，但是法人制度是永恒不变的。英国高校行使自主权是仿效中世纪高校的治理结构，将成员会议作为核心，再设立一个强有力的自治性常设机构。

(二) 大陆法系公立高校的法人地位

大陆法系国家存在公法与私法之分。在德、法两个作为大陆法系代表的国家里，普遍认为公立高校是公法人，公法人可视为行政主体的一种，在发生行政纠纷时，其可以作为行政诉讼的适格被告接受司法审查。

1. 德国公立高校的法人地位

德国的公立高校属于公法人。公法人在德国与法国有着不

---

〔1〕 参见申素平："试析英美高等学校的法律地位"，载《比较教育研究》2002年第5期。

〔2〕 王名扬：《英国行政法》，中国政法大学出版社1987年版，第86~87页。

同的称谓。"德国公立高校经历了从国家机构与公法财团的双重法律地位向多种类型法律身份的转变，表现为国家调控介入与高校自主变革的复杂博弈与动态平衡，潜藏着官僚化与市场化的风险。以公法社团为主、复合多元的公法人形态是公立高校破解多元价值冲突，实现公共利益目标的应然逻辑。"[1]1976年德国《高等学校总纲法》第58条第1款规定，高等学校为公法社团同时为国家机构。它有权在本法规定的范围内对本校事务进行管理。1998年德国修订了《高等学校总纲法》，修订后的第58条第1款规定："大学是公法社团法人，同时也是国家设施，或以其他法律形式设立，且在法律范围内享有自治权。"后来，各州在上述法律指引下，可以设立财团性质的公立高校。2006年《德国基本法》修改以后，联邦政府不再享有订立高等教育一般原则的权力，《高等学校总纲法》失去宪法依据。变革后的联邦高等教育管理权替代方案是《分发大学名额之国家契约》和《2020年规定学校协定》。于是，公立高校的公法人形态放开，财团法人成为制度许可的公立高校法人类型。由此，目前德国的公立高校存在以下四种类型的公法人：保留原有的双重身份、公法社团、公法财团、保留原有双重身份基础上允许新的法人形态。

　　德国公立高校是典型的公法人，属于行政主体，因此要受到行政法的监督与制约，仅在学术问题上享有一定的判断空间。[2]基于《德国基本法》第19条第3项"基本权利对本国法人亦有效力，但依其本质适用为限"的规定，法人也应当成为宪法基

----

　　〔1〕　姚荣："迈向法权治理：德国公立高校法律地位的演进逻辑与启示"，载《高等教育研究》2016年第4期。
　　〔2〕　参见湛中乐："再论我国公立高等学校之法律地位"，载劳凯声主编：《中国教育法制评论》（第7辑），教育科学出版社2009年版。

本权利的主体，只是能力范围受限而已。作为特别公法人的高校的基本权利得到了联邦宪法法院的判例认可。[1]德国公立高校通过设立高校议会与多元化群体组成的各种委员会实行自治，这种治理结构最大的优点就是自主权可以充分地行使。

2. 法国公立高校的法人地位

法国的行政主体主要囊括了国家、地方团体、公务法人，而公务法人又可以细分为行政公务法人、职业公务法人、工商业公务法人、地域公务法人和科学文化公务法人。法国最早将公立高校纳入了行政公务法人的范畴，随后又在 1968 年通过的《高等教育方向指导法》和 1984 年通过的《高等教育法》中开创了职业公务法人以及科学文化公务法人，并且把公立、高级师范院校、高级工科学校和它们的附属机构囊括在内，这一举动是为了更加适应公立高校的特征，确保公立高校获得更加独立的地位。法国在《高等教育法》中明确了公立高校的法人资格并赋予其自主权。该法第三部分"科学、文化和职业高等学校"规定："科学、文化和职业公立高等学校是享有法人资格，在教学、科学、行政及财务方面享有自主权的国立高等教育和科研机构。"[2]法国公立高校属于公务法人，通过高校议会与多元化群体组成的各种委员会实行高度自治。

3. 日本公立高校的法律地位

日本国立高校是根据《国立学校设置法》设立的教育研究

---

〔1〕 1967 年德国联邦宪法法院的一个判决虽然一般性地否认了公法人的基本权利主体地位，但与此同时，却肯定了诸如公立大学及其学院基本权利主体地位，国家应当设立公法机构阻隔国家权力，以实现自由的科学研究与教学。参见秦奥蕾："《德国基本法》上的公法人基本权利主体地位"，载《郑州大学学报（哲学社会科学版）》2012 年第 6 期。

〔2〕 申素平：《高等学校的公法人地位研究》，北京师范大学出版社 2010 年版，第 63 页。

机构，地方公立高校是根据《地方自治法》由地方公共团体设立的公立大学。日本公立大学长期以来都是作为"政府行政机构的一部分"而存在的"非独立营造物。"[1]国立高校由文部科学大臣管理，其法律地位虽然是营造物，但却归属"非独立营造物"，相当于政府的直属机关。

20世纪80年代，为了顺应世界教育改革的需要，日本国内呼吁进行国立高校法人化改革，2003年《国立大学法人法》颁布，并于2004年4月1日开始实施，从此日本国立高校开始成为国立大学法人。根据《国立大学法人法》的规定，国立高校法人是国立大学的设置者；《国立大学法人法》是日本《独立行政法人通则法》的特别法，国立高校的法律地位是特别独立行政法人，是公法人的一种。基于其国立高校法人地位的构造，国立高校与政府之间的关系由过去的特别权力关系转变为一般权力关系，国立高校开始享有一定的独自运营国立高校的权利。国立高校法人制度改革以后，国家依然有向国立高校提供财政资助的义务。《日本宪法》第89条规定："公共资金及其他公共财产不得为了维持宗教组织或团体的使用、也不得为了不属于公共支配的慈善、教育事业支出或利用。"基于上述规定，国家或地方公共团体仍然有向国立高校、公立高校法人的公法人提供财政资助的义务。日本国立高校法人化改革之后，政府与国立高校的关系出现一定嬗变，政府大幅度减少了对高校的直接干预，经费预算和组织机构设置权直接归属高校所有，对高校的评估由政府委托第三方机构实施，评估与审批相互分离。与此同时，日本通过任命监事加强对国立高校的监督，监事由校外人士担任，主要对国立高校的财产状况及业务执行情况实施

---

[1] 施雨丹："论美、德、日三国公立大学的法律地位"，载《外国教育研究》2007年第1期。

监督，并定期向文部科学大臣报告情况。

（三）域外公立高校法律地位的启示

通过对世界主要国家公立高校法律地位的梳理，我们可以得出如下几点结论或启迪。

1. 域外公立高校普遍具有公法人资格

不管是大陆法系国家还是英美法系国家，公立高校普遍具有公法人身份。"公法人是为了公共目标而创立的，其拥有的捐赠财产是用于该机构的这种目标的……一个法人，其所有特权都是为公共目的而实施的，就是一个公法人。"[1]域外公立高校的公法人身份同时体现在公立高校要受到公法的约束，比如英国的公立高校要受到自然正义原则、越权无效原则的约束；美国的公立高校要受到正当法律程序的约束；德国的公立高校要受到法律保留原则、比例原则的约束；法国的公立高校要受到合法性原则的约束；等等。

2. 域外公立高校具有国家机构、社团法人、财团法人、特别法人等多种样态

由于各国政治体制、经济体制、文化传统、社会制度存在很大差异，因此虽然域外公立高校普遍具有公法人地位，但是各国公立高校的公法人样态又具有不同的特点，同一个国家的公立高校也会出现公法社团与公法财团的差异（德国），甚至在同一个国家的公立高校里面，还有隶属于国家机构的情形。上述情况说明，一个国家的公立高校具备何种公法人资格要结合本国的政治、经济、文化情况和社会现实，不能犯简单化的逻辑错误。另外，具备法人或公法人资格并非就能完全排除政府

---

〔1〕 Edwin D. Duryea, *The Academic Corporation: A History of College and University Governing Boards*, Falmer Press, 2000, p.24, 转引自和震：《美国大学自治制度的形成与发展》，北京师范大学出版社 2008 年版，第 125 页。

机构的控制或干预。以法德两国为例，德国和法国两个国家的公立高校虽然大多具有独立法人身份，但国家通过财政审查、预算控制和拨款控制对高校施加了重要影响，间接性地破坏了高校学术自由与学术自治的根基，因此德、法等典型的大陆法系国家都将公立高校定位于公法人中的特别法人。[1]

3. 公共财政资金是域外公立高校的主要经费来源

国家虽然采取一定手段切断了中央或地方政府介入公立高校的自主事务，但事实上，中央或地方公共财政资金一直都是公立高校的主要经济来源。以日本为例，虽然现行《国立大学法人法》第1条、第2条规定，国立大学法人是国立大学的设置主体，但基于《日本宪法》第89条规定，国家依然是国立大学的主要财政资助者。"经费问题虽然是各国高等学校发展中面临的重要问题，但高等教育是公益性事业，在高校发展问题上，不能出现政府的缺位。发达国家面对高等教育的困境，虽然采取了诸多改革措施，但都没有以所谓的市场化而放弃政府的法定义务。"[2]

4. 公立高校与政府之间属于平等法律关系，自治权仅受法律监督，高校财务受《商业会计规则》规制

法人化改革以后，国家对公立高校的管理由过去的高权管制转向市场化契约管理，第三方独立公正的绩效评估与高校评鉴成为国家财政拨款的基本依据。比如，法国在20世纪80年代建立包括"国家评估委员会"在内的外部高等教育质量保障体系，国家评估委员会作为对总统负责的自治性行政实体，后来

---

〔1〕　参见曹俊："我国公立大学法人地位的困境溯源与定位分析"，载《扬州大学学报（高教研究版）》2013年第4期。

〔2〕　刘泽军、项进、尹好鹏："西方国家高等学校法律地位若干模式述评"，载《北方工业大学学报》2006年第4期。

被整合到一个独立行政机关——"研究与高等教育评估最高咨询理事会"。德国也设立了一个全国性的"认证委员会"负责审核和监管其他具体开展高等教育认证工作的"认证代理机构"。在此基础上，后来正式设立了"德国专业认证基金会"，该机构是独立于政府的公法人，不过基金会要接受所在州的法律监督。[1]"（日本）法人化改革后，国立大学拥有独立的法人地位，大学与政府的关系由行政从属变为平等的民事主体，政府不再直接使用行政手段、而是通过中期目标和计划等宏观手段以及引入第三方评价等手段，在大学的发展中体现政府意志。"[2]

由公法人管理的供公众使用的财产属于公产的范畴，虽然公法人享有占有、使用、收益的权利，但公法人对此类财产的支配与处分权却要受到法律的限制。[3]同时，基于对公立高校自治权或自主权的尊重，域外国家或地区一般采取法律监督的方式对公立高校进行规范和约束。法律监督是指国家对公立高校自治权或自主权的合法性进行的监督，而专业监督则是对国家委托事项的合理性进行的监督。前者较为宽松，而后者则较为严格。域外国家或地区推行公立高校法人化改革以后，普遍采取法律监督的方式，只有基于国民教育需要才对国家委托的事项实行合理性监督。在公立高校的财务监督方面，以日本国立高校法人化改革为例，改革之前的国立高校属于国家机构，国立高校要受预算法、会计法、审计法的约束。但是，改革之后的国立高校则不再受上述法律规则的约束。

---

〔1〕 姚荣："从程序性管制走向监管型治理：法德两国公立高校与政府关系变革的法律透视"，载《复旦教育论坛》2018 年第 6 期。

〔2〕 马陆亭："高等学校自主办学的推进策略"，载《国家教育行政学院学报》2008 年第 1 期。

〔3〕 李欣倩："事业单位国家所有权之重构"，载《长春理工大学学报（社会科学版）》2016 年第 3 期。

再以德国下萨克森州公立高校为例，2006 年《德国基本法》修改后放弃对高等教育一般原则的制定以后，德国各州开始设立财团性的公立高校。下萨克森州修订的《下萨克森州大学法》规定，高校可为公法财团，可自行积累财团财产，包括土地、房地产与每年州政府的补助款；专门高校的法律形式转换为"国营事业体"，受《商业会计法》规范。同时，基于上述变化，高校与国家之间的关系也发生深刻变革。"通过公法财团大学与政府签订目标协议的方式确保大学研究与教学的责任，取代国家高权的方式，研究与教学结果作为目标协议考量的主要标准。"[1]

5. 公立高校的法律属性与高校内部治理机制紧密相关

从域外公立高校的法律地位与属性变迁可以看出，它不仅关涉公立高校与政府之间的法律关系，而且还与公立高校的内部治理机制直接相关。需要指出的是："大学法人采取典型行政主体、社团法人、财团法人还是独立大学法人的定性，与学院政治、利益安排等现实内容也有一定程度的关联。"[2]

首先，公立高校享有独立法人地位是其获得自主治理的标志性成果。如果公立高校仅仅作为政府的附属机构，公立高校的内部治理机制就会受到政府主管机关的多种制约。比如，日本的国立高校在成为特别独立行政法人之前，更多受制于行政机关的掣肘，但在 2004 年日本《国立大学法人法》实施以后，日本的国立高校则获得了法定范围内进行独立治理的权利。其次，公立高校的组织形态不同，内部治理机制也会出现很大差异。以德国公立高校为例，同为公立高校的社团法人与财团法

---

〔1〕 姚荣："迈向法权治理：德国公立高校法律地位的演进逻辑与启示"，载《高等教育研究》2016 年第 4 期。

〔2〕 许金龙、徐晓娜："美国高校董事会的职能及启示"，载《沈阳师范大学学报（社会科学版）》2008 年第 3 期。

人的内部治理机制明显不同。一般来说，社团法人与财团法人虽然都是公法人的组织形态，但是社团法人更加强调公法人的自治功能，而财团法人则更加偏向公法人的效率功能。尽管从学术自由的视角来说，社团法人更加符合高校的本质，但财团法人在组织、人事、财政上具有更强的自主性与灵活性。"公法财团的法人形态满足了大学效率功能的要求，是大学公法任务完成以及竞争力提升的较为理想的法律形态。"[1]再如，经过1998 年之后的几次大学法修改，"德国大学开始从'学者共和国'向'学术企业体'或'企业型大学'迈进。德国公立高校法人形态从国家机构与公法社团的双重法律地位向公法财团等法律形态转变的过程中，大学治理机制开始引入企业特质。高校校务咨询委员会成为大学外部利益相关者调控的重要组织"。[2]经过1998 年第四次《高等学校总纲法》的修改，德国的高校治理适当引入企业治理的属性，政府与高校的关系由过去的"国家管制型"开始向"契约指导型"变迁，目标协议成为国家调控高校的重要机制之一，绩效评估与高校评鉴结果作为公共财政资助的基本依据。[3]

二、我国公立高校法律地位的"名""实"之分

自从苏格兰学派休谟先生指出"事实与价值二分法"以来，在人文社会科学领域就一直沿袭事实与价值之分的界说。所谓事实与价值之分实际上就是一个特定事物的"名""实"之分。

---

〔1〕 姚荣："德国公立高等学校法律地位演进的机制、风险与启示"，载《国家教育行政学院学报》2015 年第 12 期。

〔2〕 姚荣："德国公立高等学校法律地位演进的机制、风险与启示"，载《国家教育行政学院学报》2015 年第 12 期。

〔3〕 参见姚荣："迈向法权治理：德国公立高校法律地位的演进逻辑与启示"，载《高等教育研究》2016 年第 4 期。

德国法兰克福学派代表人物哈贝马斯先生曾经有一本著名的专著就以《在事实与规范之间》命名。在我国公立高校法律地位研究中，也会遇到同样的问题。虽然从实证法的视角来说，公立高校在我国具有法人地位，但事实上，基于国家整体管理体制的长期制度安排及人们长期的心理习惯，我国公立高校又的确存在诸多独立法人地位难以解释的现象和问题。为此，有必要从规范、价值两个视角对我国公立高校的法人地位予以深入解析。

（一）实证法对公立高校法律地位的界定

关于公立高校的法律地位，从 1986 年颁布的《民法通则》到 2017 年颁布的《民法总则》，再到 2020 年颁布的《民法典》都有相应规定。其中，《民法通则》第 50 条规定的是机关、事业单位和社团法人；《民法总则》第 88 条再次规定了事业单位法人；《民法典》第 88 条也同样有关于事业单位法人的规定。关于事业单位的性质，《事业单位登记管理暂行条例》第 2 条第 1 款规定，事业单位"是指国家为了社会公益目的，由国家机关举办或者其他组织利用国有资产举办的，从事教育、科技、文化、卫生等活动的社会组织"。显然，公立高校属于教育类事业单位。关于公立高校法律地位的界定，《教育法》与《高等教育法》有更为详细的描述。其中，《教育法》第 32 条第 1 款规定："学校及其他教育机构具备法人条件的，自批准设立或者注册登记之日起取得法人资格。"《高等教育法》第 30 条第 1 款规定："高等学校自批准设立之日起取得法人资格。高等学校的校长为高等学校的法定代表人。"由此可见，"两部"有关教育的法律都将高校界定为事业单位法人[1]。

---

[1] 参见韩春晖、常森、卢霞飞："大学章程：我国大学治理模式变革的呼唤"，载《中国高等教育》2011 年第 9 期。

（二）我国公立高校的"实然"法律地位

从实然层面研究我国公立高校的法律地位，需要从当下我国高等教育法制发展的实际情况予以探明，即从现实社会生活中探寻一些公立高校运作的真实规则或"活法"。比如，有关公立高校的人民法院生效裁判；高等教育主管部门或其他行政部门发布实施的行政准则、操作规程等；公立高校的人事、财务、招生等自主权利的展现，公立高校与高校师生关系的真实规则；等等。从实然视角来看，我国公立高校符合以下社会组织的基本特征：

1. 教育类事业单位

在计划经济体制下，社会组织以单位进行划分。行政单位是行使国家权力的机构，承载管理社会的职能；企业单位是以营利为直接目的，以生产经营为主要活动的社会组织；事业单位是指国家为了社会公益，由国家机关举办或者其他组织利用国有资产举办的，从事教育、科技、文化、卫生等活动的社会组织。高校属于从事教育活动的事业单位。

当前事业单位制度改革已经启动，国家将事业单位分为承担行政职能、从事公益服务和从事生产经营活动三类。从事公益服务的事业单位又划分为公益一类（如义务教育机构等）、公益二类（如普通高等教育机构等）和公益三类（如一些慈善机构等）。高校属于公益二类事业单位。《事业单位登记管理暂行条例》将公立大学定位为公益二类事业单位。但从根本上来说，高校仅仅获得了名义上的独立法人地位，无法行使实质法人的权利。当然，也有学者认为高校作为事业单位并无不妥。其认为："大学作为事业单位法人，并没有损害它在公法方面的丰富内涵。在大学作为事业单位法人的同时，它也可以被视为理论上的其他类型的法人。'事业单位法人'的定性具有较强的包容性，因为'事业单位法人'本身是一个性质模糊、内容丰富的空间，可以和其他法人类型的法律属性兼容。"[1]上述观点认为，公立高校作为事业单位，不仅不会影响其行使民事权利，承担民事义务，而且也不会对其行使公权力、担负行政义务形成法律障碍，也能形成独立于中央或地方政府的"制度藩篱"。也就是说，公立高校可以作为民事主体自主地与其他社会主体发生民事关系，享有民事权利，承担民事义务与民事责任；亦可利用相对独立于政府的法律地位，通过获得法律授权而享有一定程度的公权力，并因此承担行政义务与行政责任。

当然，也不乏针对公立高校作为事业单位的反对声音。有学者认为："'事业单位法人'概念产生于特定的历史背景，存在名不符实、内涵与外延不一致等逻辑矛盾。而社会公益类事业单位法人的性质也并不明确，立法上不足采纳。'事业单位法人'的概念已经无法涵盖各种法人类型，未来立法应放弃这一概念。"[2]由此看来，公立高校作为事业单位法人是否需要继续维系，应当在充分尊重我国高校自身发展规律，紧密结合当代世界大学发展趋势的基础上，通过系统分析和精确研判才能确定。

2. 法律法规授权的组织

理论界和实务界普遍认为，虽然相关的教育法律法规没有明确肯定高校的行政法律地位，但是，《教育法》第 29 条规定了学校有权行使自主管理、学籍管理、奖励或者处分、颁发学业证书、对教师及其他职工实施奖励或者处分等权力。虽然法律在此使用的是"权利"而非"权力"，但是学籍管理、奖励、

---

[1] 湛中乐、苏宇："论大学法人的法律性质"，载《国家教育行政学院学报》2011 年第 9 期。

[2] 任中秀："'事业单位法人'概念存废论"，载《法学杂志》2011 年第 7 期。

处分、颁发学业证书、对教师的奖惩权，显然属于权力性质。高校作为法律授权组织的性质更为明确地体现在《学位条例》之中。该条例第 8 条第 1 款规定："学士学位，由国务院授权的高等学校授予；硕士学位、博士学位由国务院授权的高等学校和科学研究机构授予。"可见，高校的学位授予行为属于法律授权的组织行使行政职权的行为。此外，近年来司法机关在解决高校学位授予、学生与高校的在学关系等的纠纷中，也将法律法规授权的组织作为受理及审理案件的规范依据。但事实上，法律、法规授权组织这一概念本身具有不确定性，将高校定性为法律、法规授权的组织并不能全面揭示政府与公立高校之间的关系。除此以外，有学者认为，"授权说"存在诸多风险。"高校办学自主权本意上是享有自己办学的空间，免遭外部过度的侵扰，而授权说基于自上而下的'给权'，必然进行合理性监督，使所谓的自主荡然无存。因此，高校办学自主权与授权说之间存在无法调和的矛盾，授权说之于高校办学自主权是不合理的。高校办学自主权是一种公法上的自治权。"〔1〕实际上，这位学者是把公立高校的办学自主权作为公民学术自由权的制度性保障而对待的。

3. 私法人

为了避免高校作为传统事业单位缺乏独立性问题，1993 年颁布的《中国教育改革和发展纲要》（以下简称《1993 年纲要》）指出要按照"政事分开"的原则，通过立法明确高校的权利与义务，使高校真正成为面向社会自主办学的法人实体，正式提出了高校的法人问题。1998 年《高等教育法》实施以后，学界基本认同了高校的法人地位。从《民法通则》的规定

〔1〕 袁文峰："高校办学自主权授权说质疑"，载《惠州学院学报（社会科学版）》2013 年第 2 期。

来看，高校属于私法人。这一点似乎也比较符合高校办学的实践。比如，高校在与不具有行政隶属关系的行政机关、企事业组织、集体经济组织、社会团体、个人发生社会关系时，受民事法律的调整。然而，当高校参与行政法律关系时，高校还是应当由行政法调整双方的法律关系。难怪有学者指出："我国现行法将公立大学定性为事业单位法人，从而将其纳入私法范畴，并由私法加以规范和调整，由此形成了我国公立大学的私法人定位。但是，我国公立大学的事业单位法人定位不仅与公立大学依公法设立不符，也无法呼应公法与私法、公法人与私法人界分的现实需求。我国应当借鉴其他国家经验，将公立高校由私法人转变为公法人。"〔1〕

三、我国公立高校公法人地位的"名""实"统一

从上面梳理可以看出，一方面，我国公立高校被《民法典》《教育法》《高等教育法》确立为独立法人；另一方面，我国公立高校又被人们广泛认为属于"事业单位""准政府机构"以及法律法规授权行使一定公权力的行政主体。由此看来，我国公立高校的法律地位亟待在宪法、法律层面予以明确，以着力解决公立高校法律地位的"名""实"统一问题。

（一）学界对公立高校法律地位的争论

1. 公务法人

马怀德教授认为，借鉴大陆法系国家的公务法人制度，将包括高校在内的事业单位法人定位为公务法人中的一种，并将公务法人与其利用者之间不同种类的法律关系予以区分，提供全面的司法救济，是在我国现行行政管理体制下，更新行政主

---

〔1〕　参见王春梅："弃私入公：我国公立大学组织形态的变革之道"，载《学术交流》2014年第7期。

体学说，改革现行管理监督体制，提供全面司法保护的一次有
益探索。[1]

事实上，公立高校作为事业单位，其法律地位比较特殊。
一方面，公立高校需要像其他民事主体一样享有一定民事权利、
承担一定民事义务；另一方面，公立高校与学生、教职员工之
间的法律关系既有平等主体之间的民事法律属性，又存在不平
等主体之间的行政法律属性，比如，公立高校基于学校管理对
教师、学生的奖惩处分，就属于行政法律关系，司法救济需要
启动行政诉讼。将高校界定为公务法人反映了高校纵向的"权
力"关系与横向的"权利"关系的结合，是对高校法律地位的
经典概括。

2. 公法人中的特别法人

有学者提出高校应是公法人中的特别法人。其认为，首先，
高校是公法人，而非私法人。作为公法人，高校法人是依公法
设立并行使一定公权力的公法人，是为公益目的而存在的公法
人。高校一经成立，就脱离一般的行政职能，只向公众提供高
等教育的公务；高校法人也因此具有独立的人格，独立负担实
施公务所需要的权利、义务和责任，与国家或地方政府保持一
定的独立性，不是其附属机构；作为独立的法人机构，高校的
行政程序也少于行政机构，体现出相当的自主、自治特色；而
高校法人与教师、学生之间的关系不是普通的行政关系，而是
具有特殊性质的行政关系。[2]

3. 第三部门

第三部门是指既不是国家机构也不是私营企业的第三类组

---

〔1〕 参见马怀德："公务法人问题研究"，载《中国法学》2000 年第 4 期。

〔2〕 申素平：《高等学校的公法人地位研究》，北京师范大学出版社 2010 年版，第 37 页。

织，即与公共部门、私人部门相区别的一个部门，一般指独立部门及非营利、非政府等民间组织。第三部门具有市场组织和政府组织都不具有的非营利性、自主性和专业性。有人认为，如果我国所有高校都属于第三部门，至少我国高等教育将最终走向第三部门。[1]更有学者认为："第三部门视野下的高等学校法人制度的建立已具备了一定的社会基础、法律基础和改革契机。第三部门视野下的高等学校法人应属于专业型第三部门法人，并采取社团法人的组织形态，在立法模式方面则应制定专门的《公立高校法人法》或《大学法》，设立'高等学校法人'这一独立的法人类型。"[2]

　　第三部门实际上既不是一个法律概念，也不是法学概念，而是一个社会科学理论概念。将高校定位为"第三部门"不能准确界定和梳理高校与政府、教师、学生之间的法律关系。有学者质疑对于高校作为"第三部门"的提法。其认为：其一，高校中还包括军事院校及行政院校，其隶属于军队和政府；其二，高校具有行政级别与编制，教师工资及高校运营的绝大部分资金都是中央或地方财政拨款；其三，即使民办高校应属第三部门，但仅占整个高校的 13%，学生数仅占 5%，况且其中尚有一些"借公益之名、营私利之实"的民办高校。因此，当下我

---

　　〔1〕　深化高等教育体制改革，推进教育治理现代化，需要借鉴发达国家经验，将治理理念和第三部门组织理论引入高等教育领域。一方面要转变政府职能，推进"管办评"分离，完善法制和资质标准建设，强化年检和质量公报制度；另一方面，高等教育第三部门组织要与政府保持既不对立又不依赖的互相信任的伙伴关系，完善内部规制，注重自身能力建设，提升专业化服务水平。参见阎峻、许晓东："高等教育治理与第三部门组织——中国高等教育治理中第三部门组织的完善和发展"，载《高教探索》2015 年第 12 期。

　　〔2〕　罗爽："论建立第三部门视野下的高等学校法人制度"，载《教育学报》2014 年第 6 期。

国高校成为第三部门尚有很长的路要走。[1]

(二) 公立高校公法人地位的 "名" "实" 统一

目前虽然主要发达国家的公立高校普遍具有公法人资格或身份，但事实上，各国对高校法律地位的界定是一个长期发展的过程，而且法律地位也与其文化传统、法律体制、国家发展历史阶段等因素紧密相连。[2]我国公立高校的法人地位也是受多种制度因素的制约。

1. 现行实证法赋予公立高校私法人资格

目前，我国虽然已经通过《教育法》《高等教育法》赋予公立高校法人地位，但由于我国公立高校仍有 "事业单位" 的身份，所以目前虽然中央已经明确公立高校按照 "公益二类" 继续保留事业单位的身份，公立高校的人事、财务仍然由政府主导。由此导致我国公立高校的法人地位至今仍然存在诸多争议。

有学者认为，公立高校作为法人只是民法意义上的概念，高校作为事业单位法人，能够以民事主体的身份参与民事活动，解决了高校的民事权利问题，但并不能依此来处理高校与政府的关系。[3]国内也有其他学者持同样观点。从《高等教育法》第30条规定来看，即 "高等学校自批准设立之日起取得法人资格。高等学校的校长为高等学校的法定代表人。高等学校在民事活动中依法享有民事权利，承担民事责任"，我国高校仅为私法人。[4]

〔1〕 参见常秀鹏："论高等学校的公法人定位"，载《学习与探索》2008 年第 6 期。

〔2〕 参见 刘泽军、项进、尹好鹏："西方国家高等学校法律地位若干模式述评"，载《北方工业大学学报》2006 年第 4 期。

〔3〕 曹俊："我国公立大学法人地位的困境溯源与定位分析"，载《扬州大学学报（高教研究版）》2013 年第 4 期。

〔4〕 参见韩春晖、卢霞飞："大学章程：我国大学治理模式的变革之道——以公立大学的公法人化为导向"，载《上海政法学院学报（法治论丛）》2011 年第 6 期。

从市民社会与政治国家"二元论"的视角来看，法人分类首先要考虑的就是公法人与私法人界分。"法人分类的基本标准应当是私主体自治理念及作为其对应物的团体自治原则，亦即该法人主体贯彻私主体自治原则的程度与方式。依据这一标准，法人的分类首先就是公法人与私法人。"〔1〕这两类法人的最大区别就是能否贯彻团体自治原则。公法人奉行法律保留原则与职权法定原则，团体的行为空间和范围受实证法的严格约束；而私法人贯彻主体意思自治原则，其行为规则是"法不禁止即自由"。基于上述分析，笔者认为，有必要在未来的立法中进一步明确公立高校到底属于公法人，还是纯粹的私法人，以便为有效保护公立高校的合法权益，同时也为全面保护公立高校教师、学生的合法权益提供更为精准的司法救济。

2. 未来应立法明确公立高校的公法人地位

当前，新一轮科技革命兴起，我国又恰恰处于产业升级和结构转型的关键时期。为此，必须紧紧抓住高校这一科技革命的主战场，全面深化高校的体制机制改革。笔者认为，其中一个至关重要的改革就是要全面落实公立高校的办学自主权。"要真正落实大学自治权，首先必须还原大学的公法人本质，并落实公法人独立承担公权力与公义务的职能。"〔2〕

之所以要进一步明确公立高校的公法人地位，无非就是要从制度上进一步阻隔政府与公立高校之间的行政附属关系，赋予公立高校适度的人事、财务、学术研究等自主权，避免各种行政机关不必要的干预和侵扰。"确立公立大学的公务法人或特

---

〔1〕 韩春晖、卢霞飞："大学章程：我国大学治理模式的变革之道——以公立大学的公法人化为导向"，载《上海政法学院学报（法治论丛）》2011年第6期。

〔2〕 陈秋明："学术法人制度：大学自治的法律保障"，载《甘肃政法学院学报》2011年第7期。

别公法人地位，并使其与国家人格相分离，不仅可以使大学享有较大的自主自治权，形成财务和管理独立，还可以使公立大学摆脱其社会政治动员的工具身份，为大学张扬学术自由和大学自治提供原动力。"[1]同时，赋予公立高校公法人地位，也为教育行政管理提出新的挑战和机遇，也为教育主管机关更好做好公立高校的监督管理提供体制机制便利。"从功能角度而言，承认国家之外的其他公法人格的目的在于以公法人作为组织手段，通过法人自主与独立特性来实现行政的自治与绩效。"[2]

当然，我们所说的公立高校法人化改革不包括军事院校、各级党委政府直接管理的行政学院（党校）以及各级统战部直接管理的社会主义学院。同时，这里也有必要强调指出，未来公立高校的公法人地位的明确并不表明公立高校完全脱离"私法人"身份。"为破解公法高校'公法化'不足与'私法化'过度以及公私串权的结构性失衡困局，应考虑适时推进公立高等学校法人制度的'公法化'。制定《公立高等学校法人化》，单独设立公立高等学校法人这一有别于传统公法人与私法人的'法人类型'。"[3]实际上，公立高校即使被立法明确公法人地位，也不影响公立高校在与平等主体签订履行契约或合同中，以私法人身份出现，更不影响在上述法律关系中适用民事法律规范调整双方关系。

---

〔1〕 曹俊："我国公立大学法人地位的困境溯源与定位分析"，载《扬州大学学报（高教研究版）》2013年第4期。

〔2〕 陈秋明："学术法人制度：大学自治的法律保障"，载《甘肃政法学院学报》2011年第4期。

〔3〕 姚荣："德国公立高等学校法律地位演进的机制、风险与启示"，载《国家教育行政学院学报》2015年第12期。

四、我国公立高校确立公法人地位的现实目标

关于公立高校确立为公法人的制度价值，有学者作了较为经典的表述。即"从根本的意义上来说，高等学校法人制度就是通过赋予高等学校以独立的法律人格，使其能够自主地培养专门人才、开展学术研究和为社会提供教育公共服务，并最终实现教育公共利益的法律主体制度，具有独立性、组织性、人合性和价值性。它是实现高等学校依法治校的必要性保证，是保障高等学校自主运转的必要机制，是促进高等学校有效治理的必要手段。"[1]如果展开来说，我国公立高校确立公法人地位具有如下现实目标：

（一）公立高校具有独立于政府的法人人格

第一，公立高校拥有真正独立于举办者意志的人格。想要赋予公立高校公法人地位，首要解决的即是公立高校组织机构的独立性问题，要从组织构造上切断公立高校与出资人（中央或地方政府、其他公共机构）的附属关系。赋予公立高校公法人地位之后，作为履行公益性事务的公共机构，公立高校也理应成为独立享有公物所有权的主体。作为公益法人，公立高校将享有"对国家或地方政府通过津贴、补助等形式划拨的财产享有独立的所有权，行使占有、使用、收益和处分的权能"。[2]

第二，公立高校治理实施不同于行政机构的民主治理机制。"高校法人的最大特点是……较少行政机关的官僚风气和繁琐程

---

〔1〕　罗爽："论高等学校法人制度的根本性质及其意义"，载《高等教育研究》2014年第3期。

〔2〕　公法意义上的物应当借鉴大陆法系国家的公物理论，分为私产和公用物两种，"各国虽然在机构设置、职能和称谓等方面略有差异，但都无一例外地承认公益法人国家所有权主体资格"。参见李欣倩："事业单位国家所有权之重构"，载《长春理工大学学报（社会科学版）》2016年第3期。

序，体现出相当的自主、自治特色。"〔1〕虽然在公立高校内部治理上，高校与所属教师、学生之间也存在一定的行政法律关系，但这种行政法律关系绝不是排除司法救济的"特别权力关系"，所有涉及教师、学生基本权利保障的法律关系，都要自觉接受人民法院的合法性审查。同时，作为我国社会主义制度的组成部分，公立高校也应当实行民主治理，广大教职工有权通过教职工代表大会参与本单位的民主决策。为了落实学校的民主管理，教育部于 2012 年 1 月制定了《学校教职工代表大会规定》，其中第七章规定了教职工代表大会的职权。但是，依据《宪法》规定，我国行政机关实行的是首长负责制，首长负责制更加强调了行政首长的判断力与决策力，但同时也彰显了行政机关等级结构特征的效率价值。

第三，公立高校实施较为灵活的内部自主组织架构。长期以来，公立高校作为政府附属机构，其人事制度往往受制于政府主管部门——教育主管部门、人事主管部门、编制管理部门等多种行政机构。公立高校既缺乏自主设立内部科研机构、教学机构、学术机构的权利，也缺乏自主确定绩效工资分配的权利。在法律上明确公立高校公法人地位，有利于打破上述禁锢和"条条框框"，赋予公立高校自主决定设立内部学术机构、科研机构的权利，同时赋予公立高校自主决定人才引进与吸纳计划，赋予其实行更为宽松的绩效工资奖励机制，让优秀人才尽早脱颖而出。

（二）公立高校自主权具有权利、权力双重属性

公立高校自主权同时具有权利、权力双重属性。公立高校自主权的双重属性一方面源于公立高校替代政府履行公共教育

---

〔1〕 申素平："谈政府与高校的法律监督和行政指导关系"，载《中国高等教育》2003 年第 8 期。

服务职能的特征；另一方面也源于公立高校独立于政府机构期待自主享有权利与承担义务的现实需求。国内有学者对其有较为恰当的表述："科学地界定高校自主权的法律性质，是政府、社会、高校三方共同对这一法权即包含权力与权利的广义法权合理、合法地进行规限的前提。"[1]实际上，其他国家的高校自治权都同时兼有权力与权利的双重属性。"英、美、法三国公立高校的基本法律定性都是公共机构或公法人，同时也都无一例外地具有一定的私权利行为能力；在公法人或公务法人身份条件下，高校保持较高的独立性，与政府之间属外部行政关系。"[2]

笔者认为，之所以会出现这种貌似复杂的法律现象：一是由于高等教育机构履行公共教育职能的复杂性所致；二是源于权利、权力两个法学概念的明显差异与精确表达。权利是指一个人可以迫使另外一个人某种作为或者不作为的资格或能力；与权利相对的是义务，是指一个人应该作出某种作为或者不作为。权力是指人们通过某种作为或者不作为来改变某种法律关系的能力，权力的相关概念是责任，相对的概念是无资格。[3]

公立高校的自主权既然分为权力、权利两个方面，二者就要接受不同法律规范的规制，即涉及权力行使的行为，要受行政法律规范的约束；相反，涉及权利行使的行为，则要受民事法律规范的规制；有时公立高校的同一个行为同时涉及权力和权利两个要素。比如，公立高校编制学校预算的行为，属于权力的范畴，要接受合法性、正当程序等行政法基本原则及行政

〔1〕龚怡祖、张进香："高校自主权的法学探源与公私职能界分"，载《现代大学教育》2007年第3期。

〔2〕龚怡祖、张进香："高校自主权的法学探源与公私职能界分"，载《现代大学教育》2007年第3期。

〔3〕参见吕世伦主编：《现代西方法学流派》（上卷），中国大百科全书出版社2000年版，第182页。

法律规范的约束；公立高校与其他企事业单位平等签订合同的行为，当然要受民事法律规范的制约；而公立高校向在校学生收取学费的行为则同时具有权利和权力双重因素，该行为既要接受民事法律规范的制约，同时也要接受国家制定的有关学费收取等行政法律规范的制约。

（三）公立高校的自主权仅受政府的合法性监督

赋予公立高校公法人资格并不是说高校免受政府的任何监督制约。从国外高校法人化的实践来看，高校在法人化之后，还要自觉接受国家的合法性监督。自治与法治的平衡是国家对公立高校法律规制的决定因素。一方面应当保证国家对公立高校的监督，另一方面也应当维护高校法人的独立地位与自主权，这是公立高校法律制度构建的基本要义。

笔者认为，在赋予公立高校公法人之后，原来中央政府或地方政府、其他公共机构对公立高校的合理性监督应当通过立法予以限制。在公立高校尚未公法人化之前，也应当大幅减少各级政府对公立高校的合理性监督，即应当以合法性监督为主，只有对中央或地方政府的委托事项，政府机构才享有合理性监督的权力。正如有学者所说："我国政府对公立大学的监督总体上应该适当松绑，以维持国家监督与大学自治的平衡。具体而言，应从三个方面着手：其一，减少事前预防性监督方式的运用，完全不干涉学术事项，给予适度弹性的人事权和组织权。其二，要完善事后监督动态性监督方式。与此同时，要探索立法监督和司法监督的方式。其三，要完善对国家监督所致侵权行为的救济途径，切实保障大学自治权。"[1]

为了配合政府对公立高校的合法性监督，有必要在公立高

---

[1] 韩春晖、卢霞飞："大学章程：我国大学治理模式的变革之道——以公立大学的公法人化为导向"，载《上海政法学院学报（法治论丛）》2011年第6期。

校公法人化改革之后，抓紧制定框架性的国家立法，进一步明确国家与高校各自的权力与义务、权利与责任等。当然，国家的框架性立法也可以起到有效保障高校师生学术自由权及公立高校自主权的功效。法国、德国实行公立高校法人化改革较早，其经验值得借鉴。"通过框架性立法、国家与大学的合同关系以及高等教育质量保障体系等变革举措，法德两国公立高校与政府的关系，开始从程序性管制向'监管型治理'模式转变……对于法国和德国的公法学界而言，亟待回应的是如何将这种监管型治理模式纳入合宪性和合法性的监控之中，以保障学术自由基本权以及公立高校的自治权（尤其是学术自治权）不受侵害。"[1]

（四）公立高校财务行为受《商业会计核算规则》规制

从外国公立高校法人化改革的制度实践可以看出，在推行法人化改革以后，公立高校基于独立于政府的独立人格，在会计核算制度及会计活动中，开始引入商业会计规则规范公立高校的财务行为。为此，一些较为灵活的财务制度将逐渐被各个公立高校采纳和使用，一些更为灵活的绩效评价制度和绩效工资制度也将被逐渐推行。这些制度的实施将极大改变目前公立高校在奖金发放、绩效工资核算、酬劳界定、柔性人才引进等方面的制度短板，同时，《商业会计核算规则》的应用也会极大调动和提升社会各界捐资助学的积极性，形成有力推动产学研相结合的科技创新格局。

同时，《商业会计核算规则》的使用也为国家或地方政府引入第三方评估机构，科学判断各公立高校的财政拨款基数及相应的奖励指数提供较为客观的遵循和依据。在对公立高校第三

---

〔1〕　姚荣："从程序性管制走向监管型治理：法德两国公立高校与政府关系变革的法律透视"，载《复旦教育论坛》2018年第6期。

方评鉴方面，国外有一定的经验可以借鉴。"日本公立大学法人化改革以后，也重点引入了第三者评估机制，包括由大学评价、学位授予机构实施的评估。同样，一向以'追求学术独立与自由'为目标的德国大学也面临着政府评估的压力，为了建立一个有效率有差别的高等学校体系，政府将建立高效业绩评估制度，以此作为国家高教财政拨款和高效内部资金分配的基础。"[1]

---

[1] 李昕："论公立大学法人治理的目标与制度功能"，载湛中乐主编：《通过大学章程的治理》，中国法制出版社 2011 年版。

我国公立高校财政自主权的逻辑构造

　　理论上，学界对我国公立高校财政自主权的概念界定并没有形成统一观点，为了深入这一问题研究，有必要对公立高校财政自主权作出明确定义。笔者认为，我国公立高校财政自主权是指公立高校为了更好地发挥其功能与宗旨，请求中央或地方政府拨付相应财政资金、非政府组织提供特定经费或财产的权利，以及对高校资产在一定范围内享有的自主管理、自主使用和自主支配的权力。对公立高校财政自主权的逻辑构造的解析是构建与完善公立高校财政自主权法治保障的前提与基础。公立高校财政自主权的逻辑构造是指在法学话语体系指引之下，利用现代通用的法学概念、法学理念、法治原则，对公立高校财政自主权的逻辑起点、性质、构成要素、基本特征等内容进行的系统梳理和归纳。

一、我国公立高校财政自主权的理论逻辑

　　国内学界对公立高校财政自主权的关注不多，研究的重点集中于高校办学自主权。公立高校财政自主权隶属于公立高校自主权或自治权，探寻公立高校财政自主权的理论逻辑应当从解析公立高校自主权的逻辑起点开始。

（一）公立高校自主权是学术自由的制度性保障

1. 现代大学自治的历史源流

现代大学自治是大学师生与世俗势力和宗教势力持续不断争斗并最终以特权形式出现的社会制度实践。大学产生于 11 世纪的西欧地中海沿岸，当地商品经济发展活跃，自治城市中市民与贵族政治势力不断增强，一些学者和学生出于对知识和学问的兴趣爱好，开始以行会自治的形式组建大学。大学起初只是由教授和学生组成的一个相对松散的组织，没有对外谈判的权利，并且总是受到当地世俗政权和教会的干涉。后来，大学发展出一些自我保护的组织，比如同乡会、教师协会或团体、学生团体等，由于教师具有学术及财政上的天然优势，并有能力联合学生和校友通过罢课、罢工等形式反抗宗教势力和地方政权，因此教师团体逐渐成了大学的控制力量。在长期的斗争实践中，大学从教会和政府那里获得了相对的自由，比如，可以设置自己的法庭、大学师生有罢课的权利、教师具有参政权，有颁发特许证的权力等。由此来看，最初的大学自治是免受国家政权势力与宗教势力干涉的特权。

现代大学自治被认为是："大学管理免受非学术人员介入的自由；大学自主分配资金的自由；教师聘用及其工作条件落实的自由；课程设计和授课自由；遴选学生的自由；制定评价标准和方法的自由。"[1]大学自治强调的是大学治理结构中有关学术权力的自治，是一种自治权力。英国哲学家霍布斯认为权力是"获得任何未来明显利益的当前手段"，[2]按照霍布斯关于

〔1〕［英］阿什比：《科技发达时代的大学教育》，滕大春、滕大生译，人民教育出版社1997年版，第25页。
〔2〕［英］霍布斯：《利维坦》，黎思复、黎廷弼译，商务印书馆1985年版，第62页。

权力的观点，大学自治就是大学为了追求未来大学在学术方面的利益而在当下采取的一种手段，是为了消除学术自主性不足、满足学术自由的需要、保存已获得的学术利益并防止政府和宗教掠夺这种自治特权而不断追求的权力。德国社会学家马克斯·韦伯从意志论的角度对权力下了定义，认为权力是"将某人的意志强加于他人行为之上的可能性，权力的作用在于使人控制他人"，[1]权力类似于"命令—服从"关系，在这个意义上，大学自治权力是大学对内部成员或事务的管理权或控制权，因此，大学并没有对外部主体（如政府、教会等）行使命令的权力，大学自治只能是一种内部权力。从根本上说，大学的形成不仅涉及大学治理的内部关系，还涉及大学与政府、教会以及其他社会主体的关系，大学自治只是其中的一部分。大学自治被理解为大学内部权力行使的自由，不仅包括组织方面，而且在领导管理、内部财政管理、从非公共渠道获得资金、学位资格审查和认可等方面都不受政府、宗教以及其他个人团体的干涉。大学自治是允许大学自我统治而最低程度地接受外力强制的一种权力。[2]随着大学的发展，不可避免地会与社会、政府产生必要的关系，社会对大学提出不同的教育需求，同时大学需要外界市场和政府的经费投资，以便提升高等教育的质量。所以，大学在行使自治权力时总会受到外界的影响，大学自治并非绝对自治，而是相对空间和相对范围内的自治。

2. 现代大学自治的理论逻辑

与大学一同产生的还有在大学内部盛行的一种思想——学

---

〔1〕［德］马克斯·韦伯：《经济与社会》（上卷），林荣远译，商务印书馆1997年版，第81页。

〔2〕参见高晓清："自由，大学理念的回归与重构"，华东师范大学2003年博士学位论文，第20页。

术自由，出于对学术自由的追求，才使大学不断地与外部势力作斗争，努力摆脱政府与宗教的控制，由此教师和学生就可以自主开展学术活动，保证了教学的独立性，使大学发展成为具有自治权的团体。但学术自由作为大学自治的内在动力，必须衍化成原则或者理念才能更好地指导大学教育事业的发展和进步。19世纪初，德国人洪堡论述了学术自由的理念，明确提出教师和学生有进行学术研究的自由，免受外界政府管理和社会经济生活干扰，具体包括思想自由、科研自由、学习自由、出版自由、言论自由等。洪堡还通过创建柏林大学实践了学术自由理念下的大学自治，对世界各国产生了深远影响。[1]如今，谈到学术自由，与之联系最紧密的就是大学自治，大学自治保障学术自由，是指大学在国家和其他社会力量面前具有独立性，有权根据学术自由的理念在管理、财务、行政方面作出决定。在对学术自由进行如此阐述以后，"大学自治获得了持久的精神动力，而不再是自发形成的古老习俗"。[2]基于学术自由的非实践性，它的实现必须借助相应的制度保障，而大学自治的核心就在于保障学术自由。因此学术自由是大学自治获得长足发展的源泉，同时大学自治又为学术自由提供了制度性保障。[3]

---

〔1〕 参见陈洪捷：《德国古典大学观及其对中国的影响》，北京大学出版社2015年版，第31~32页。

〔2〕 湛中乐、尹婷："论大学自治——兼析《高等教育法》中的'自主办学'"，载《陕西师范大学学报（哲学社会科学版）》2018年第1期。

〔3〕 "制度性保障"理论为德国宪法学上的通说，其涵摄的宪法学思想对德国基本法产生深远的影响，经历了从传统制度性保障到"作为制度的基本权利"理论的发展，并推动了基本权利客观价值秩序理论的产生。制度性保障理论展现了国家宪法学说及宪法实效性的发展为一个渐次的法治进化过程。既为法治后发国家推进宪法实施提供文本规范的解释路径，又为其展现宏观的发展前景。参见那艳华："制度性保障宪法理论的流变及现代价值"，载《北方法学》2016年第2期；刘练军："自然资源国家所有的制度性保障功能"，载《中国法学》2016年第6期；程乃胜："论对

3. 我国公立高校办学自主权的历史变迁

中华人民共和国成立以来，我国高校教育事业曾经在高度集中的计划经济体制下受到国家和政府的严格管控，国家不仅实行统一的招生计划与毕业分配，在专业设置、教学方式、教学内容以及教材使用方面也作统一规定。在 1985 年发布的《中共中央关于教育体制改革的决定》中首次提出要扩大高等学校办学自主权，其目的是："加强高等学校同生产、科研和社会其他各方面的联系，使高等学校具有主动适应经济和社会发展需要的积极性和能力。"

《高等教育法》第 32 条、第 33 条、第 34 条、第 35 条、第 36 条、第 37 条、第 38 条规定了高校享有招生、设置学科专业、实施教学活动、科学研究、与境外高校开展文化交流与合作、确定内部人员配备、管理和使用财产等自主权利。由于我国高校自主权不是以自发的形式产生于高校内部学术自由权利的涌动，而是从政治国家以宪法法律的形式直接规定，因此我国高校自主权缺乏强劲的内生动力。《高等教育法》第 11 条规定："高等学校应当面向社会，依法自主办学，实行民主管理。"这条规定实质上是将"市场机制在高等教育领域的合法地位通过国家意志的形式体现，同时也解释了政府赋予高校自主办学的合法性基础来自高校之外的社会需求"。[1]也就是说，社会需求的发展既促使公立高校脱胎于政府的管控，同时也使公立高校具备了自主办学的正当性基础。因此公立高校的办学自主权不是单纯来自政府的让渡，政府与公立高校之间也并非委托与授权

（接上页）公民基本权利的制度性保障——从卡尔·施米特的'制度性保障'理论谈起"，载《社会科学家》2015 年第 1 期。

　　〔1〕　牛凤蕊、张紫薇："改革开放以来我国高校办学自主权的历史嬗变与制度逻辑"，载《黑龙江高教研究》2020 年第 4 期。

关系。外部市场的需求迫使公立高校迸发自身发展的动能。而《高等教育法》的规定实质上是对公立高校办学自主权的正当性基础给予的法律确认。但是，在我国高等教育体制下，公立高校的财政资源主要依靠政府的财政拨款，由此导致公立高校的办学自主权比较有限。实际上，法律允许高校面向社会依法自主办学的目的侧重于缓解政府的财政压力，使得高校能够与其他社会主体加强"产、学、研"方面的沟通和联系，主动适应经济和社会发展需要，从而获得社会各方面尤其是物质方面的支持。

4. 我国公立高校自主权的理论逻辑

我国《宪法》第47条规定，"中华人民共和国公民有进行科学研究、文学艺术创作和其他文化活动的自由……"该条被认为是我国有关学术自由的宪法规定[1]。学术自由作为宪法赋予公民的基本自由和权利，同时具有主观权利属性、客观价值秩序、制度性保障功能。作为基本权利的主观价值属性，公民享有的学术自由权具有排除公权力对其进行非法干涉的自由；作为客观价值秩序，国家负有提供一定的物质和条件保障公民学术自由权的义务；作为制度性保障，国家应当构建一定的制度保障公民的学术自由权，高校自主权即是国家在宪法层面保障学术自由的制度性保障。

高校自主权是国家在宪法层面赋予高校享有就学术事项的规则制定权，这一关涉学术事项的规则制定权实际上就是宪法法律赋予高校的立法权。比如，涉及学术自由的考试规则、教学目标的设定等均属高校自主立法事项，高校可以依据学术自由的理念和原则作出相应规定。高校自主权是指高校在执行层面享有学术事项的裁量处理权；在诉讼中，人民法院应当尊重

---

〔1〕 参见王德志："论我国学术自由的宪法基础"，载《中国法学》2012年第5期。

并保护高校及学生的"学术自由"，这一司法审查边界被称为"学术尊让原则"。[1]但是，对于不涉及学术自由的领域，高校如果作出影响学生基本权利的决定，应当执行法律保留原则。鉴于我国尚未制定专门规定高校师生与高校之间关系的国家立法，导致目前只能依据2017年9月教育部实施的《普通高等学校学生管理规定》这一行政规章。未来凡是关涉高校与学生"在学关系"的行为规范应当尽快上升到法律层面。

　　尽管我国公立高校办学自主权没有形成强有力的法律制度保障，但我国《宪法》有关学术自由的规定和《高等教育法》对依法自主办学以及七项高校权利的规定应当视为高校自治在我国的本土化演绎，我国公立高校办学自主权以宪法和法律规定为依据，在此基础上由各个高校自主制定符合本校定位和特色的章程。无论是国外与学术自由相辅相成的高校自治制度，还是我国的高校办学自主权，实质上都是在处理政府、社会与高校之间的关系。两者都强调高校应具备独立的财政自主权，因为物质和资金投入是高校成立和发展的基础，高校的财务自由是高校能从政府束缚之下获得自主发展的必由路径。在我国，公立高校的办学自主权不仅包括高校内部有关学术方面的自主决定权，也包括行政事务的自主管理权。我国法律规定高校有权依法从政府之外的其他社会主体获得办学经费，同时对于依法取得的财产有自主支配和管理的权力，以支持高校发展特色教育事业。为此，公立高校在办学自主权之下享有一定的财政自主权；反过来说，财政自主权也最能体现政府与高校之间的管理或服务关系。办学自主权与财政自主权是相辅相成的，办

---

　　[1]　"学术尊让原则"是最高人民法院指导性案例39号确立的高校学术授予细则及学位授予行为排除司法审查的"学术自治尊让原则"。参见最高人民法院指导性案例第39号。

学自主权是财政自主权的前提；反过来，财政自主权是办学自主权的物质保障。

（二）我国公立高校财政自主权的性质界说

我国公立高校的办学自主权源自《宪法》第 47 条关于学术自由的宪法规定和《高等教育法》有关自主办学的法律规定。公立高校作为独立法人，对外具有不受干涉的办学自主权利，对内具有一定的管理和支配权力。比如，《高等教育法》第 30 条第 2 款规定："高等学校在民事活动中依法享有民事权利，承担民事责任。"除此以外，高校实现高等教育目标必须进行必要的管理，所以国家通过法律法规授予高校一些行政权力，例如《教育法》第 23 条规定："国家实行学位制度。学位授予单位依法对达到一定学术水平或者专业技术水平的人员授予相应的学位，颁发学位证书。"《学位条例》第 8 条第 1 款规定："学士学位，由国务院授权的高等学校授予；硕士学位、博士学位，由国务院授权的高等学校和科学研究机构授予。"由此来看，公立高校既享有一定的自主权利，同时也享有法律法规授予内部管理的自主权力。公立高校财政自主权作为办学自主权一部分，也具有权利和权力两种性质。

1. 我国公立高校财政自主权利

《民法通则》将高校视为事业单位法人，规定了事业单位应当具备法人条件，必须要依法成立、有必要的经费或财产、有自己的名称以及组织机构和场所，并且能独立承担民事责任。根据《教育法》《高等教育法》的有关规定，高校自批准设立之日起取得法人资格，在民事活动中依法享有民事权利，承担民事责任。因此，公立高校可以独立民事主体的身份参与民事活动，是法律规定的私法人主体。公立高校主体地位的独立意味着公立高校不再是政府的附属机构，其享有的办学自主权得到提升，公立高校可以在《高等教育法》规定的七大自主权框架下结合自身需求实施有自我特色的发展计划；与此同时，公立高校独立承担的义务也通过其法人地位的确立得以确定。[1]

研究公立高校办学自主权实质上就是在研究高校与政府间权利义务的分配，财政自主权从微观上更能凸显两者之间的关系，公立高校财政自主权的自主程度能够反映政府对公立高校办学的控制程度。一般而言，公立高校受政府约束的直接原因就是高校的办学经费大部分来源于政府拨款。德国法学家耶林认为"权利是法律所保护的利益"，对于高校而言，如果它的财务利益始终被政府机构所控制，它就难免不被政府机构所左右。从这个意义来说，强调公立高校的财政自主权就是为了减少其在财政方面对政府的依赖，使高校有独立的发展空间。在霍菲尔德的八个法律概念中，将权利界定为一个人能够迫使另一个人作为或不作为，在这个意义上，权利是狭义的，只与义务相对应，即权利的存在必使另一个人负有作为或不作为的义务，两者相辅相成，任何一个概念都不能单独存在。将公立高校的财政自主权视为权利，意味着必定存在与之相对应的义务。在未确定义务承担主体的情况下，权利人就不存在真正的权利。正如凯尔森所说："无论如何，反射权利无法脱离相对应之法律义务而存在。只有当某个人有法律上的义务去实施相对于他人的特定行为时，后者相对于前者才拥有对于这一行为的'权利'。是的，某人的反射权利只体现为他人的义务。"[2]

在市场经济条件下，公立高校财政自主权有权利因素，主要表现为公立高校整体的收入自主权。如公立高校有向国家申

〔1〕　参见于洋："高校自主权研究评述"，载《教育学术月刊》2015年第7期。

〔2〕　[奥] 汉斯·凯尔森著、[德] 马蒂亚斯·耶施泰特编：《纯粹法学说》，雷磊译，法律出版社2021年版，第167页。

请或请求拨付办学经费的权利，公立高校的举办者是国家，具体的职能承担者是中央或地方政府，政府拨款是公立高校办学资金的主要来源，公立高校对中央或地方政府具有资金拨付请求权，政府负有向高校依法足额拨款的义务。又如公立高校有按照国家法律政策规定的标准向学生收取一定金额学费的权利，即国家掌握着公立高校学费标准的制定权，公立高校具有对学费的直接收取权，这一权利的行使不仅成为高校缓解财政压力的主要途径，还使公立高校获取了一定的财政自由。[1]除此之外，宪法和法律也允许公立高校通过其他渠道获取资金或财产弥补办学经费，这些都体现了公立高校财政自主权的权利性质。

2. 我国公立高校财政自主权力

随着国家对高等教育事业的重视，高校的民事主体资格得到承认，可以以自己的名义在市场领域获取教育资源并参与社会治理。但同时学界也认识到高校的法人资格仅在私法领域使用远不能满足学校自身办学和自我管理的需要。高校办学除了需要具有权利以外，还需要享有独立于政府之外的公权力，这种公权力是基于内部管理需要由公立高校直接行使的权力。在自主办学层面上，高校与政府各自应有自己独立的行为空间。"政府并不是高校办学自主权的权力主体，政府和大学应当'各行其是'。"[2]实现公立高校运行行为的全面法治化，不仅应当注意政府与公立高校关系的法治化，还应关注高校内部管理行为的法治化。"要由关注高校与政府的权力关系转移到高校内部权力的配置。"[3]

---

〔1〕 参见柴江："我国高等教育收费现状与效应研究"，苏州大学 2017 年博士学位论文，第 47 页。

〔2〕 于洋："高校自主权研究评述"，载《教育学术月刊》2015 年第 7 期。

〔3〕 宋中英、郭云云："高校办学自主权的内涵及其实践意蕴"，载《高教探索》2016 年第 7 期。

　　之所以做出上述论断，原因是高校在实施内部管理时所形成的法律关系很难用私法关系来界定，比如，高校对学生授予学位的行为和处罚学生的行为如果套用民事法律关系进行解释的话是行不通的，这两种行为显然与公法之下的行政法律关系更为接近，所以难以在传统的"事业单位法人"学说下对公立高校所具有的办学自主权进行定性，办学自主权不是纯粹的权利，权利并不能完全解释公立高校自主办学的法律关系。公立高校办学自主权不仅体现着政府与公立高校之间的关系，同时也包括高校与其内部各院系组织机构之间的关系。目前，理想的现代高校特性是在公立高校具有独立性的前提下，能够自我发展，自己办学，政府只通过拨款和法律法规政策等引导高校发展，不实质参与高校内部事务的管理。正如有学者所说："（应）赋予高校更多自主管理和发展的权力，将学术事务及内部治理的权力归于高校。"[1]公立高校财政自主权也是如此，公立高校享有支出自主权属于高校的内部治理，公立高校有自主管理本校资产的权力、独立使用非专项经费的权力。但由于公立高校对所占有或支配的财产特别是受托管理使用的不动产并非完全享有所有权，因此其使用权也要受到一定的限制和约束。

　　根据法律规定，高校内部管理体制、经费来源和财务制度都应该通过章程予以明示，高校与校内二级教学单位、各非法人组织机构对财政支出都具有一定的权力，高校教师与学生对财政自主权力的行使具有知情权、参与权、监督权。因此公立高校内部的财政自主权力应当加强监督制约，以防止国有资产的流失和公立高校财政自主权力的滥用。

　　总之，单纯地将高校财政自主权视为权利或单纯地将高校

〔1〕　参见周江林："我国政府与高校契约型关系构想及可行性研究"，载《高校教育管理》2014年第1期。

财政自主权归属权力，都不完全符合我国公立高校财政行为运行的实际情况，前者可能导致我国高校办学自主权遁入"私法"系统，不利于高校实现公共利益；后者不利于高校灵活自主办学，降低高校社会服务的质量，不利于市场经济的需要。[1]公立高校对其拥有的资产享有法人财产权，依法自主管理和使用。财政自主权对外行使具有权利属性；高校对内部资产的分配和使用类似于行政管理关系，属于权力的行使。

二、我国公立高校财政自主权的基本特征

公立高校的财政自主权既与地方政府的财政自主权不同，也区别于企业法人的财务自主权。反过来，如果从具有公法人地位的公共机构来说，公立高校的财政自主权与地方政府的财政自主权具有一定的相似性；如果从独立法人的视角来说，公立高校的财政自主权又与企业法人的财务自主权具有一定的相似性。由此来看，公立高校的财政自主权具有既区别于地方政府又迥异于企业的独有法律特征。

（一）公立高校财政自主权的有限性

《高等教育法》第 38 条规定："高等学校对举办者提供的财产、国家财政性资助、受捐赠财产依法自主管理和使用。高等学校不得将用于教学和科学研究活动的财产挪作他用。"该法律规定肯定了高校对办学事项具有财政自主权，但"自主"到何种程度，在哪些事项上"自主"，法律并没有具体明示。不过，可以肯定的是公立高校的财政自主权不是绝对无限的自由，而是需要接受监督的有限自主权。从根本上讲，公立高校与举办者、投资者、利益相关者之间的权利（力）博弈，影响到高校

---

[1] 参见宋中英、郭云云："高校办学自主权的内涵及其实践意蕴"，载《高教探索》2016 年第 7 期。

财政自主权内容的确定，在这个意义上，财政自主权的有限性主要体现在以下几个方面：

第一，公立高校的财政自主权要受合目的性的限制。众所周知，公立高校的绝大部分资产都是中央或地方政府提供给公立高校作为教学和科研使用的。为此，公立高校不能随意偏离高等教育这一准公共产品提供者的终极目的而分配使用财产权。如果确实基于正当目的而超出教学科研目的而使用财产权，必须报经举办者的同意；否则，就要依法追究相关人员的法律责任或给予党纪政纪处分。

第二，公立高校的财政自主权要受到捐助协议的限定。投资者或者说捐助人是指通过合作协议或者资助协议等方式参与高校资源配置的社会主体。《高等教育法》第 60 条第 3 款规定："国家鼓励企业事业组织、社会团体及其他社会组织和个人向高等教育投入。"社会企事业主体对高校投资往往期望从中获得一定利益，因此投资者对公立高校资产享有一定的管理权及监督权。捐助者往往通过在捐助协议中约定捐助财产的用途，限制公立高校对这一部分财产的使用方式或范围，因此公立高校部分资产的使用和管理受捐助协议的限定和影响。

第三，公立高校对中央或地方政府拨付的专项经费不能随意挪用。《预算法》规定了已经批准的预算不能随意变更，各级地方政府及预算执行单位必须严格执行审议通过的预算。公立高校接受的国家专项经费均属于国家预算拨款，对于上述专项拨款，公立高校必须专款专用，无权自作主张随意挪用；否则，要承担相应的法律责任，其中包括刑事责任。

（二）公立高校财政自主权的合法性

政府有权对公立高校财政自主权的合法性进行监督。具体说，公立高校在行使财政自主权时应当自觉接受政府的合法性监督。所谓合法性监督是指公立高校的财政自主权必须符合法律法规的规定。特别是要符合《预算法》《预算法实施条例》《高等教育法》《慈善法》《民法典》《土地管理法》《城镇国有土地使用权出让和转让暂行条例》等法律法规的规定。这里有一点需要明确指出，公立高校自觉接受政府的合法性监督是否包括政府规章值得进一步探讨。笔者认为，如果从公法人的视角来看，公立高校的财务活动和行为应当接受规章的规制，但前提必须是规章（无论是部门规章还是地方政府规章）都不得与上位法相抵触；否则，无论是部门规章还是地方政府规章都不能成为监督公立高校财政行为合法性的依据。对公立高校财政自主权之所以进行合法性监督，源于如下几个方面的理由：

第一，公立高校财政自主权对内具有权力属性，容易滋生腐败，进而破坏公立高校的学术自由，影响正常的教学与科研秩序，由政府对公立高校财政自主权进行监督，既能保障公立高校学术自由，又能促使和提升公立高校依法治校的水平和能力。

第二，公立高校作为公法人，有获得政府一般性教育经费拨款、专项资金拨款等多种形式拨款的权利，虽然公立高校可以自主决定部分资金的用途，但是难免会出现侵占、挪用资金的违法犯罪行为，政府监督可以有效地减少该类行为的发生。

第三，政府监督是高等教育监督机制不断完善的要求。目前来看，我国的中介评估机构不仅数量少而且权威性不够，导致了这些中介机构难以承担起有效的监督职责，要想发挥外部监督的作用，只有依靠政府监督与舆论监督。但是舆论监督又不具有强制性，因此政府监督是最能发挥效能的外部监督方式。政府监督是公立高校财政自主权的特点之一，政府主要是对其合法性进行监督。

（三）公立高校财政自主权的合理性

如果说政府监督是对公立高校财政自主权行使的合法性进

行监督的话，那么绩效审计和绩效考评就是对公立高校财政自主权行使的合理性进行监督。比如，英国的"大学拨款委员会"、美国加州的"大学评议会"、日本的"中介评鉴机构"等，它们的主要职责都是对公立高校使用资金的绩效进行考评，考察资金使用效率，并且将考评结果作为政府分配资金、衡量大学水平、学生选择学校的主要依据，当然也可作为学校自我管理的主要凭据。国外高校监督财政自主权合理性的一个重要特征是设立介于政府和高校之间的中介机构。随着政府职能的转变，政府与公立高校之间的关系需要重新调适，公立高校有自己发展教育事业的领域和空间，政府不宜也不应全面干涉高校的内部事务。我国可以借鉴国外现代高等教育管理的体制、机制，通过建立健全第三方高等教育评价机制，以高校的教学成绩、科研成果、人员规模等为依据，评价高校的办学质量，规范不同类型高校的使命与宗旨，明确学术成功的关键因素，并通过立法加以固定。[1]

　　具体来说，在我国可以设立相对独立的机构，将财政拨款申请与财政资金使用全部纳入第三方机构的评价监督中。比如，设立高等教育拨款咨询委员会，"由教育专家、教授、政府官员及咨询专家等组成。委员会的主要职责是：通过调查研究高校资金需求，向政府提出财政拨款方案的建议；与政府和高校共同研究并制定绩效评价指标体系；根据绩效评价体系，定期对高校开展绩效评价，公开绩效报告；以绩效评价结果确定绩效拨款额；对高校财政拨款的合理使用进行监督"。[2]目前，在我

---

〔1〕　参见高耀明："绩效评价制度与大学教学发展——美国南卡罗来纳州公立高校绩效资助制度及其启示"，载《江苏高教》2017 年第 10 期。

〔2〕　袁晋芳："我国高校绩效预算问题研究"，中央财经大学 2017 年博士学位论文，第 129 页。

国公立高校教育资源并不充足的情况下，更要注重对财政自主权行使的监督，提高财政资金的利用效率。通过绩效考评能够有效监督财政自主权行使的效益，做到"物尽其用"，使教育资源得到合理分配与使用，实现高校自主办学社会效益的最大化。

（四）公立高校财政自主权的内容复合性

在我国，当下除了中央政府以外，其他各级政府、行政机关或法律法规授权的组织尚未明确其公法人地位，但事实上，这些行政主体都拥有独立的财产，能够以自己的名义承担民事责任。公立高校是以国家公共利益为目的的事业单位法人，强调的是民事领域下公立高校与其他社会主体之间法律地位的平等，并有独立承担责任的能力；但同时公立高校又是依据《高等教育法》和《教育法》等公法所成立的社会公共服务组织，负有行政法上的权利义务，还行使着法律法规授予的行政权力，承担着行政职责，同样具有公法人的地位。公立高校具有独特的身份特点，是实现学术自由这一基本权利的制度保障，不仅需要"权利"手段来获取高校自治所需的物质基础和条件，还需要"权力"手段用以维护高校内部管理。因此公立高校是横跨公、私两重领域的法人组织，"既可用为公器亦可用为私器"〔1〕。

通过上文分析，公法人视野下的公立高校既不是简单的私权行使主体，也不是单纯的公权行使主体，作为公立高校核心的办学自主权既不能被定性为纯粹的权利，也不宜仅被视作权力。笔者认为，在公法人视野下，公立高校的办学自主权应定性为一种混合权利（力），兼具私权和公权的性质，由此，财政

---

〔1〕 龚怡祖："高校法人滥权问题的制度回应方向"，载《公共管理学报》2008年第1期。

自主权也是权力与权利的混合物。

具体来说，公立高校财政自主权既有权利内容，也有权力要素。根据霍菲尔德提出的八个基本法律概念，权力与无资格相对，与责任相关；权利与无权利相对，与义务相关。权力意味着具有作为或者不作为的资格，权利是有权要求他人作或不作某种行为。公立高校的财政自主权在法律性质上为公私混合权利（力），其中财政自主权力面向应与责任相联系，权利面向应与义务相对应。因此在公立高校财政自主活动中，高校对内部管理享有财政自主权力，在职责范围内独立自主支配财产的权力；而对外享有财政收入的权利或请求权，但同时也负有基于公益目的使用财产的义务。

（五）公立高校财政自主权的主体多元性

公立高校财政自主权利、权力都具有主体多元性特征。虽然公立高校财政自主权利的主体对外只能由公立高校作为独立法人单独行使，但基于对公立高校财政自主权利实现的合目的性——高等教育公共服务解读，公立高校的二级院系、非法人机构、广大教职工、学生也应当成为公立高校财政自主权利的内部行使主体。公立高校法人虽然在公立高校财政自主权力的行使过程中具有最高性、权威性等特点，但事实上公立高校的二级院系、非法人机构往往在公立高校财政自主权力的行使过程中也确实享有一定的自主权力，绝大多数公立高校的二级院系、非法人机构都享有概括授权之下的与其他社会主体签订合作办学、培训、科学研究等事务的权力，由此这些公立高校的院系、非法人机构也实际分享公立高校的财政自主权力。同时，基于民主管理的需要，《高等教育法》赋予高校师生广泛参与公立高校的民主管理，为此，公立高校的广大师生是公立高校预算监督权的主体。但有一点必须明确指出，公立高校师生在行使预算监督权的过程中，其行使的是权利，而不属于权力，因为权力能够直接改变法律关系，而权利则只能行使一定的请求权，以希望其他主体作为或不作为。

三、我国公立高校财政自主权的主体

在公法人理论框架下，公立高校不仅拥有独立的财产，能够独立承担财产责任，而且公立高校能够以自己的名义行使权力，承担义务。[1]目前，法律允许公立高校多元化筹集办学经费，但是法律却未对高校财产权制度作系统化规定，只是散见于《民法典》《教育法》《高等教育法》等相关章节中，且规定得过于原则、笼统，由此"导致政府、其他举办者、大学等主体的财产权边界不清、责任不明；加之我国大学主要隶属于政府管理，各级政府在具体的管理活动中，因其权力边界不清，导致管理过多过细，大学对财产权的行使受到了诸多行政法规和部门规章的制约，大学实际上并不享有相对独立和完善的法人财产权"。[2]尽管《高等教育法》第 38 条第 1 款规定了"高等学校对举办者提供的财产、国家财政性资助、受捐赠财产依法自主管理和使用"，但是实践中仍然有如下亟待解决的问题与现行高校财产权制度不相匹配：一是没有赋予公立高校独立的办学经费筹措权，特别是没有赋予公立高校独立自主的举债权，也没有授权公立高校对举办者提供的财产、财政拨款、捐赠的财产等享有合目的性的支配权、处分权；二是法律未明确公立高校财政自主权的主体，主体不明晰必将导致高校财政自主权

---

〔1〕 参见陈秋明："学术法人制度：大学自治的法律保障"，载《甘肃政法学院学报》2011 年第 4 期。

〔2〕 张英："大学法人财产权制度的反思与展望"，载《经济法论坛》2019 年第 2 期。

利或自主权力行使上的乱象，也容易使其受到政府权力的干扰，而没有真正的主体为公立高校的发展负责。因此有必要明确公立高校财政自主权的行使主体。

公立高校的财产来源结构多元化，财政自主权的主体并不是单一的。从权利的视角来说，对外公立高校作为独立的法人是行使财政自主权利的唯一主体，对内财政自主权利的行使主体具有多样性，如非法人组织（二级院系）、高校师生等。从权力的角度来看，公立高校的财政自主权力的主体也具有多元化。按公立高校财政自主权的主体在高校中的功能定位可以将其划分为自主财政权的决策主体、执行主体和监督主体。公立高校党委领导下的校长、高校内部二级院系、教职工代表大会、预算编制委员会和财务部门、董事会、理事会等都具有一定的财政自主权力；公立高校的内部成员如师生对财政自主权力的行使也应当具有一定的参与权和监督权。

（一）我国公立高校财政自主权利的行使主体

1. 公立高校法人主体

公立高校具有独立的法人资格，根据《宪法》和《高等教育法》的规定，依法享有办学自主权，在财产管理和使用方面享有自主权，不受任何组织和个人的非法干预。公立高校作为独立公法人，既享有法律法规授予的公权力，又享有一定的自主权利。"权利是针对他人的强制性请求"，公立高校对财政资源的取得是针对外部主体而言的，与其他社会主体发生外部法律关系。高校财政自主权利是公立高校作为法律意义上的独立主体，享有请求举办者及其他社会主体作为或不作为的资格或能力。公立高校作为公法人是法律拟制的主体，它享有以自己的名义向中央或地方政府要求拨付相应财物、向学生收取一定数额学费、依法接受社会主体捐助，并排除其他单位和个人干涉的行为自由。《中国教育改革和发展纲要》（中发［1993］3号）明确提出："在政府与学校关系上，要按照政事分开的原则，通过立法，明确高等学校的权利义务，使高等学校真正成为面向社会办学的实体……学校要善于行使自己的权利，承担应负的责任。"因此，公立高校与举办者之间体现的是权利义务关系，公立高校财政自主权是公立高校作为独立法人以自己的名义请求举办者注入相应财物（包括不动产、动产等）、拨付相应办学经费的行为能力。

2. 非法人组织或机构

除了公立高校公法人主体之外，公立高校内部还存在着大量的非法人组织或机构，比如，二级院系、校友会、学术交流中心、教学实验中心、党委部门、行政部门、学术委员会、学位委员会、学生代表大会等。这类主体虽然不具备法人资格，但仍然能够以自己名义或者在公立高校概括授权之下（二级院系、学术交流中心的印章实际上就是公立高校对非法人组织的概括授权）与其他主体产生一定的权利义务关系，因此非法人组织或机构也可以作为公立高校行使财政自主权利的主体。除此之外，公立高校设立的非法人组织或机构还享有请求公立高校向其拨付一定数额财物或资金的请求权，这种内部法律关系也属于权利的范畴，即公立高校内设的非法人组织或机构享有针对公立高校的财政自主权利。

这里有必要强调指出，公立高校的非法人组织或机构在公立高校财政自主权的逻辑构造中的地位非常特殊，一方面，它既是公立高校财政自主权利的主体，同时也是公立高校财政自主权力的监督主体。这一独特的双重地位决定其既享有向公立高校法人请求拨付一定财物或资金的请求权，同时也享有制约公立高校财政权力合法效益运行的监督权。正是由于公立高校非法人组织或机构的双重地位和属性，决定其与公立高校法人之间的法律关系极其复杂，二者往往呈现二律背反的关系。一般来说，在公立高校财政自主权力规范运行的地方，非法人组织或机构的财政自主权利也会得到有效保障；反之亦然。

3. 教职工与学生等自然人主体

我国虽然没有明确公立高校属于社团法人，也没有明确公立高校师生属于社团法人的成员，但是，作为社会主义国家，《宪法》第 2 条第 3 款规定，人民"通过各种途径和形式，管理国家事务，管理经济和文化事业，管理社会事务"，为了呼应宪法的上述规定，《高等教育法》第 43 条进一步明确"依法保障教职工参与民主管理和监督，维护教职工合法权益"。为此，在公立高校自主权的语境下，高校的教师、职工、学生等内部成员依法享有请求公立高校按时足额拨付相应教学、科研物资、资金的请求权。

由于每个类别主体的身份和地位不同，其享有的针对公立高校财政自主权利的内涵也不完全相同。具体来说，高校教师特别是教授享有的针对公立高校的财政自主权利更强；而高校其他教职工相比于教授享有的针对公立高校的财政自主权利相对弱一些；高校学生是学校的主体人员，其往往占据高校总人数的绝对比例，但其作为公立高校财政自主权利的主体则往往是最弱势的群体，其话语权与参与能力最弱。这里需要强调指出，公立高校的师生作为公立高校财政自主权利的主体，我们是以个体主义的视角所作的分析。如果从集体主义的视角解析，上述所谓的"强""弱"关系可能会发生巨变。美国学者科恩有句著名的论断，即"有组织的少数能够战胜无组织的多数"。因此，无论是教职工还是学生，如果从组织的视角来说，也许学生针对公立高校享有的公立高校财政自主权利更大更强，教职工则次之。毕竟，大学生是我国高等教育的最广泛最重要的主体，离开了大学生这一主体，高校就会成为专门的科研机构，进而失去了自身存在的价值和意义。

（二）我国公立高校财政自主权力的行使主体

一般来说，我国公立高校法人财产的获取、管理和使用由不同主体部门负责批准或实施，以其权力职责为标准可以将其划分为决策主体、执行主体和监督主体。

1. 公立高校财政自主权力的决策主体

第一，法律明确规定公立高校的党委和校长是处理高校事务的决策主体。《高等教育法》第30条第1款规定了高校的校长是高校的法定负责人，第41条明确了"高等学校的校长全面负责本学校的教学、科学研究和其他行政管理工作……"，并对高校校长的职权作了具体规定，其中第（五）项赋予高校校长"拟定和执行年度经费预算方案，保护和管理校产，维护学校的合法权益"的权利。因此，公立高校的校长对年度经费预算方案具有决策权。

我国实行党委领导下的校长负责制，"公立高校中校长是行政负责人，全面负责本校的各项工作；党委作为政治权力的代表，在大学治理中处于统领全局的地位，具有决策权和监督权"。[1]所以，我国公立高校中有关财政自主权的决策实际上是由党委和校长共同负责。

由于公立高校的党委书记和校长都身处高校内部，一方面难以摆脱过于关注公立高校自身利益而忽视国家和社会公共利益的情形；另一方面也难以超然于公立高校内部复杂的关系。在此，美国公立高校实行的以校外人士组成的董事会负责财政

---

[1] 何慧星、孙松："现代大学治理下高校落实办学自主权的问题、难点与对策"，载《国家教育行政学院学报》2014年第12期。

决策，校长仅仅负责执行董事会决策的机制值得借鉴，看看其能否作为我国公立高校财政自主权决策科学化的改革路径。"美国公立大学普遍实行董事会领导下的校长负责制，董事会是学校的最高决策机构，校长负责决策执行，向董事会负责。"[1]美国公立高校实行教育信托制度，政府或其他公共基金作为委托人，将财产权委托给由外部人员组成的大学董事会。因高校内部人员的利益诉求过于单一且只能代表高校，在财产权分配时容易与公共利益产生冲突，因此选择由社会各界人员构成的董事会作为受托人，"董事会以信托的方式持有学校的财产，其首要职责是使受益人利益最大化"。[2]受益人不仅包括高校本身，还包括高校内部的教师、学生、工作人员以及高校的投资人。这种教育信托制度使权利主体与利益主体相分离，美国公立高校的董事会对大学经费的使用负责，并且对高校的财政收入与支出拥有决策权。"信托制度使美国大学与政府以及社会之间能够界定明晰的法律关系，免于大学捐赠者和政府的干预与渗透。"[3]我国的信托制度尚处于起步阶段，还未将其引入公立高校的公法人制度之中。美国的董事会负责公立高校的财务决策机制是否值得借鉴还需要进一步思考。

第二，公立高校教职工代表大会对部分财政自主权的行使也有一定的决策权。教育部出台的《学校教职工代表大会规定》明确教职工代表大会的职权包括："讨论通过学校提出的与教职工利益直接相关的福利、校内分配实施方案以及相应的教职工聘

---

〔1〕　张端鸿："中国公立大学法人治理结构研究——以 A 大学为例"，复旦大学 2013 年博士学位论文，第 58 页。

〔2〕　欧阳光华：《董事、校长与教授：美国大学治理结构研究》，高等教育出版社 2011 年版，第 127 页。

〔3〕　欧阳光华：《董事、校长与教授：美国大学治理结构研究》，高等教育出版社 2011 年版，第 31 页。

任、考核、奖惩办法。"表明公立高校的教职工代表大会在有关教职工利益的事项上具有一定的决策权。由此来看凡是涉及高校教师切实利益的财务决策,教职工代表大会也有一定的决策权。

第三,一些高校章程赋予了学校理事会和学院党政联席会议等主体同样具有财政决策权。《高等教育法》第 27 条、第 28 条明确规定设立高校应当具备章程,章程中应当规定高校内部管理体制和经费来源、财产和财务制度。[1]因此,详细的高校财务制度由高校章程具体规定,章程作为公立高校成立的基本条件,是经过政府备案审查的法律文件,不仅高校本身要遵守,政府也要尊重。公立高校章程是高校办学自主权力行使的基本准则,为此章程应当明确高校财政自主权力的决策、执行、监督程序。比如《西北政法大学章程》第 40 条规定,"学校依法设立理事会",主要职权有"研究、审议学校面向社会筹措资金、整合资源的目标、方式、途径等"。高校设立的理事会对高校自筹资金也享有一定的决策权。《西南政法大学章程》第 60 条规定,学院党政联席会议是学院的决策机构,讨论决定学院的行政管理等重要事务。

2. 公立高校财政自主权力的执行主体

前文已述,高校的校长对预算经费方案既有拟定权也有执行权,但具体如何执行,《高等教育法》并没有予以明示,只

---

〔1〕《高等教育法》第 27 条规定:"申请设立高等学校的,应当向审批机关提交下列材料:(一)申办报告;(二)可行性论证材料;(三)章程;(四)审批机关依照本法规定要求提供的其他材料。"第 28 条规定:"高等学校的章程应当规定以下事项:(一)学校名称、校址;(二)办学宗旨;(三)办学规模;(四)学科门类的设置;(五)教育形式;(六)内部管理体制;(七)经费来源、财产和财务制度;(八)举办者与学校之间的权利、义务;(九)章程修改程序;(十)其他必须由章程规定的事项。"

是在第65条规定："高等学校应当依法建立、健全财务管理制度，合理使用、严格管理教育经费，提高教育投资效益。"我国公立高校目前正在积极推进校院两级管理体制改革，"推进管理重心下移，将更多的人事权、财务权下放至二级学院，通过以绩效为基础的资源配给机制，提升二级学院办学的主体意识"。[1]高校的财政自主权不再集中于高校的校级层面，院系二级机构也是财政自主权力的执行主体。《西北政法大学章程》第44条规定，学院是学校基本职能的组织实施单位，主要职责包括"管理和使用学校核拨的办学经费与资产，筹措学院教学、科研经费和其他资金"。《西南政法大学章程》第59条规定，学院受学校党委和行政的领导，履行"编制学院年度经费预算草案，执行学校批准的年度经费预算方案，科学使用办学资源"。

实际上，公立高校财政自主权的实施与执行其实就是对高校财物（特别是经费）的配置。国内有学者认为，我国大部分公立高校的经费配置采取"块块分配法"，"即学校财务部门将各项目经费分配到相关职能部门，再由职能部门把大部分项目经费分配给各院系，小部分留作宏观调控。少数高校采用'学生分配法'，就是把院系看作办学实体，由学校财务部门按照学生人数直接把经费分配到院系"。[2]所以经费的使用是层层下拨的，公立高校财务部门实际上成了财政自主权力的直接实施主体。

由此，从表面上说，公立高校的校长是预算的执行主体，

---

〔1〕牛凤蕊、张紫薇："改革开放以来我国高校办学自主权的历史嬗变与制度逻辑"，载《黑龙江高教研究》2020年第4期。

〔2〕刘向兵、周蜜："我国公立高校内部经费配置中院校关系模式变革的案例研究"，载《中国高教研究》2017年第1期。

但实际上我国公立高校财政自主权力的执行主体主要为院系二级机构和学校的财务部门。

3. 公立高校财政自主权力的监督主体

第一，高校教职工代表大会是公立高校财政自主权力的最重要的监督主体。在高校的组成人员中，教职工与学生占了很大的比例，是一股不容小觑的力量。国外高等教育的经验证明，教职工与学生队伍参与高校内部管理活动不仅有助于提升高校的内部管理效率，也可以有效地防止权力滥用。我国公立高校虽然实行党委领导下的校长负责制，但是该制度与发挥校内民主并不冲突。教职工与学生作为公立高校的基层力量，是民主办学、自主办学的重要力量，他们熟知学校内部哪些基础设施不完善、哪些教学设备需要更换等具体问题，他们提出的意见和建议往往能够较好地提高资金使用的效率。公立高校有必要建立方式多样且畅通的民主渠道，以便教职工与学生充分发表自己对高校财务行为的意见，鼓励他们积极参与到公立高校的管理活动中去，保证高校财政自主权力的健康有序运行。为保证公立高校财务行为在阳光下运行，公立高校经费使用应当建立健全信息公开制度，以财务公开强化对财政自主权力的制约和监督。《高等教育法》第43条规定："高等学校通过以教师为主体的教职工代表大会等组织形式，依法保障教职工参与民主管理和监督，维护教职工合法权益。"由此看来，公立高校的教职工代表大会是高校财政自主权最重要的监督主体。

第二，高校学生是最广泛的监督公立高校财政自主权力行使的主体。除了高校内部员工的参与和监督以外，社会公众也是重要的监督主体。何慧星教授认为："现代高校作为重要的社会组织，其与社会的关系日益密切，高校既要从社会中获取所需的物质、人才和信息资源，也要满足社会多样化的需求。与此同时，社会各种力量也开始以不同的方式参与高校治理。高校在吸纳社会资源的同时，需要适应社会需要，更要接受社会的监督；同时，社会在参与办学的过程中应更积极主动地参与高校治理。"[1]学生是公立高校最主要的成员，通过缴纳学费成为高校服务的对象，高校学生是监督公立高校财务活动最为广泛的主体。

第三，个别公立高校成立的学术委员会、理事会、董事会等内设机构或咨询机构也是公立高校财政自主权力的监督主体。比如，西北政法大学设立的学术委员会可以对学校预决算中教学、科研经费的分配及使用，对教学、科研重大项目的资金分配和使用提出咨询意见。再如，《西北政法大学章程》规定学校设立的理事会是支持学校发展的咨询议事与监督机构，参与审议学校年度预决算报告；监督筹措资金的使用等。还有个别公立高校赋予董事会一定的财务监督职权，比如，《中国政法大学章程》规定："董事会是学校咨询议事机构与监督机构，促进学校与社会建立广泛联系与合作，筹措教育发展资金，支持学校事业发展。"

四、我国公立高校财政自主权的内容

公立高校财政自主权作为公立高校办学自主权的组成部分，发挥着举足轻重的作用，是高校实现自主化管理的物质保障与经济来源。关于公立高校财政自主权的内容，法律规定比较模糊，学术界对此也未进行深入研究。有学者认为，总体而言，高校在财政方面属于"差额拨款"，部分经费由财政负担，其余经费由高校开展自营业务、接受社会捐赠或收取学生一定学费

---

〔1〕 何慧星、孙松："现代大学治理下高校落实办学自主权的问题、难点与对策"，载《国家教育行政学院学报》2014 年第 12 期。

取得，其中自营业务包括资产置换和高校对外投资收益等。高校对这些经费的使用和管理具有一定的自主权。[1] 上述观点具有一定的代表性，但其仅是从列举角度对公立高校财源的一个梳理，没有真正从法学话语体系的视角分析公立高校的财政自主权，更未从"权利""权力"两个角度深入分析公立高校财政自主权的内涵、要素以及各要素之间的相互关系等内容。笔者认为，对于高校财政自主权的深入研究，应当从权利与权力角度出发，深入系统地解析我国公立高校财政自主权的权利（力）结构，以便为进一步构建和完善公立高校财政自主权的法治保障提供强大的理论支撑。

（一）公立高校财政自主权的权利要素

如前文所述，公立高校财政自主权是指公立高校作为公法人对外行使时表现为权利，权利总是与利益联系在一起，这些权利实质上是公立高校对政府和其他主体请求获取财产来支持高校发展的请求权，以及公立高校的投资收益权。具体来说，高校的这种请求权主要表现为资产拨付请求权、收费权、捐助受领权、举债权、投资收益权等。

1. 资产拨付请求权

公立高校的资产拨付请求权是保障其运行的最基本权利。从世界主要国家对公立大学的定位来看，公立高校是公法人或公共机构中的一种，其职能在于提供公共教育产品或服务，以规避政府直接提供服务的专业性不足问题。为了保障公立高校顺利开展教育科研活动，其必须获得来自国家和政府的财物投入或资金拨付以维持其基本运行，也就是一般性财政拨款以及专项财政拨款。基于权利义务对等原则，高校的举办者（中央

---

〔1〕 参见解德渤："我国公立高等学校法人制度改革研究"，厦门大学 2017 年博士学位论文，第 79~81 页。

或地方政府）作为义务主体提供如土地使用权、开办经费、一般性财政拨款、专项财政拨款等资产或资金，高校则作为权利主体享有要求政府提供足够的资产经费以维系日常运行的行为能力。

从规范层面考察，虽然我国目前尚未在法律上明文确立公立高校针对政府的资产拨付请求权，但是《国家中长期教育改革和发展规划纲要（2010—2020年）》和《高等教育法》都有一定表述。特别是《高等教育法》第60条第1款明确规定："高等教育实行以举办者投入为主、受教育者合理分担培养成本、高等学校多种渠道筹措经费的机制。"国家要建立以财政拨款为主、其他多种渠道筹措高等教育经费为辅的体制。上述规定虽然是以国家义务的视角进行的规定，没有明确公立高校针对举办者——政府的资产或资金拨付请求权，但是对国家或政府义务的规定如果从反面理解，就是公立高校相对于政府的资产拨付请求权。正如凯尔森所说："如果将某人（他人相对于负有义务实施特定行为）与这一他人之间的关系称为'权利'，那么这种权利就只是对这种义务的反射（Reflex）。"〔1〕

笔者认为，关键不在于是否明确公立高校针对政府的拨付请求权，而是要构建并完善公立高校针对政府的拨付请求权，需要进一步构建公立高校针对政府请求拨付的法律制度环境，需要对公立高校的拨付请求权授予明确的法律救济路径。这里需要指出的是，资产拨付请求权不仅包含资金拨付请求权，也包括土地使用权拨付请求权。

2. 学费收取权

国家对小学、初中教育推行的是强制义务教育制度，高中

---

〔1〕　［奥］汉斯·凯尔森著，［德］马蒂亚斯·耶施泰特编：《纯粹法学说》，雷磊译，法律出版社2021年版，第165页。

阶段是否推行义务教育由各地根据实际情况自主决定。国家对高等教育没有推行强制义务教育制度。由于没有推行强制义务教育制度，"根据高等教育成本分担理论，家庭及受教育者应部分承担教育成本"。[1]按照"受益者付费原则"，作为准公共产品的高等教育成本不仅要由举办者承担一部分，接受高等教育者也需要支出合理费用，即学生需要缴纳一定金额的学费与杂费。从实践来看，我国经济社会快速发展，高校学生培养成本不断攀升，部分省、自治区、直辖市的高校学费标准远低于生均培养成本。以河南省为例，省属公办高校学费标准长达15年未发生变化，即使2020年河南省人民政府对高校学费作了适当提高，但高校所收取的学费与高校年生均培养成本仍然相差甚远。[2]因此高校学费收取的真正意义在于"要调动利益相关者各方投资教育的积极性，以有效弥补高等教育投入的不足，从而扩大高等教育的供给规模"。[3]

这里需要强调指出的是，尽管高校享有收取一定学费的权利，但基于高等教育的准公共产品性质，高校自主收费权利往往是受国家法律法规限制的。1996年公布的《高等学校收费管理暂行办法》（教财〔1996〕101号）曾经对此进行如下限定：①实质限制，即学费占年生均教育培养成本比例不高于25%，

---

〔1〕　徐美娜："高等教育成本分担理论中国化研究"，载《山西财经大学学报（高等教育版）》2010年第2期。

〔2〕　根据河南省发展和改革委员会、河南省财政厅和河南省教育厅三部门联合发布的《关于调整公办普通高校学费标准的通知》规定，本科文科类学费调整为4400元/生·年，理工类5000元/生·年，分别上涨1000元和1300元，但从部分高校数据（详见表5-2）来看，学费仅占高校生均培养成本的12%~17%。

〔3〕　王小兵："收与放的权衡：高校收费政府规制的几点思考"，载《湖南社会科学》2013年第2期。

并且必须考虑经济发展状况和群众承受能力；[1]②形式限制，即高校学费标准的调整实行行政审批制度，由价格主管部门、教育部门和财政部门共同向省级政府申请批准，央属、部属高校还要经主管部门同意。[2]由此来看，高校的收费采取的是国家定价制度。然而，近年来随着高校财政收支差距的不断扩大，国家对高校收费权的限制程度有所松动。比如，河南省发展和改革委员会、河南省财政厅和河南省教育厅三部门联合发布的《关于调整公办普通高校学费标准的通知》（豫发改收费〔2020〕456 号）中指出："要适当扩大高校收费自主定价权，允许高校在规定的幅度内自主确定学费标准，'双一流'建设高校可上浮15%，上浮专业范围不得超过当年该校本科招生专业总数的40%；具有博士硕士学位授予权的高校可上浮 10%，具有博士学位授予权的高校上浮专业范围不得超过当年本科招生专业总数的20%，具有硕士学位授予权的高校上浮专业范围不得超过当年本科招生专业总数的10%。"这对扩大高校的财政自主比例具有重大的现实意义。

　　除了学费之外，高校的收费权还体现在高校收取学生住宿费、考试考务费、专业培训费、其他社会服务费用等。从总体

---

　　〔1〕《高等学校收费管理暂行办法》第4条规定，学费标准根据年生均教育培养成本的一定比例确定。第5条第1款规定："学费占年生均教育培养成本的比例和标准由国家教委、国家计委、财政部共同作出原则规定。在现阶段，高等学校学费占年生均教育培养成本的比例最高不得超过 25%。具体比例必须根据经济发展状况和群众承受能力分步调整到位。"

　　〔2〕《高等学校收费管理暂行办法》第6条规定："学费标准的调整，由省级教育、物价、财政部门按照第五条规定的程序，根据本行政区域内的物价上涨水平和居民收入平均增长水平提出方案，报省级人民政府批准后执行。"第5条第2款规定："国家规定范围之内的学费标准审批权限在省级人民政府。由省级教育部门提出意见，物价部门会同财政部门根据当地经济发展水平、办学条件和居民经济承受能力进行审核，三部门共同报省级人民政府批准后，由教育部门执行。"

来看，公立高校以平权型主体向高等教育接受者收取的学费及各项杂费，都是公立高校自主收费权的重要组成部分。如果双方由此产生纠纷，都适用民事诉讼程序解决纠纷，不适用行政诉讼程序。但是，如果公立高校所享有的向举办者——政府请求拨付相应数额财物的请求权产生纠纷，则不适用民事诉讼程序，而应当适用行政诉讼程序解决这一纠纷。但是，囿于政府机构对公立高校有形或无形的制约与监督，一般来说，公立高校不会直接将主管部门告上法庭。

3. 捐助受领权

公立高校作为公法人，从民事角度来讲，有获得其他组织和个人捐赠和帮助的权利。事实上，捐助受领权是公立高校财政自主权的重要部分，其作为高校经费多元化来源方式之一，可以在一定程度上为高校发展提供自主空间。从世界范围来看，捐助受领权不仅为各国法律所承认，并得到国家的鼓励和支持。英国从1853年颁布《慈善信托法》开始至2006年《慈善法》实施，逐渐形成了以《慈善法》为核心，其他法律法规为补充的慈善法律体系。"英国社会各界给大学的捐赠也增长迅速，其特征是往往以得到某些研究成果或共享某项知识产权为条件，牛津大学和剑桥大学中的各学院经费主要来自大财团和社会各界的捐赠，一般大学捐赠款占总经费收入的3%左右。"[1]在美国，"捐赠是社会和民间组织对美国高等教育经费投入的重要举措，历史上美国许多高校都是私人捐赠而建立的"，[2]哈佛大学、耶鲁大学都是如此。此外，美国为鼓励社会对大学的捐赠，

---

〔1〕 周胜等："发达国家高等教育经费来源的结构特征与启示"，载《乌鲁木齐职业大学学报》2013年第3期。

〔2〕 孙羽迪："美国高等教育经费来源及启示"，载《现代教育管理》2009年第7期。

出台了免税政策，由此催生了大量慈善基金会。"据统计，美国现在有 4500 个基金会从事推动教育发展的捐赠活动，最著名的有卡耐基基金委员会、乔治匹巴教育基金会等。"[1]正是基于对社会捐助的物质与精神激励，上述国家的高校筹集了充足的资金用于教学与科研活动，高等教育水平也获得长足发展并一直处于世界前列。

目前，我国也鼓励组织和个人对高校进行捐赠。根据《国家中长期教育改革和发展规划纲要（2010–2020 年）》和《高等教育法》的相关规定，高校享有捐助受领权。据公开资料显示："1980 年至今，全国高校累计接受国内外校友捐赠达 320 亿元，捐赠总额 30 亿元以上高校有 1 所，20 亿元以上有 3 所，10亿元以上有 7 所，5 亿元以上有 15 所，1 亿元以上有 48 所。"[2]需要说明的是，这些接受捐款的高校主要是部属重点高校或者一流知名高校，地方院校吸纳社会捐助资金远不如上述高校。导致这种现象的原因不仅和高校培养学生的水平密切相关，而且与我国整体社会捐助氛围尚未完全形成有关。因此，对于高校捐助受领权的保障，国家不仅负有宣传、营造捐助风气的义务，而且应当通过"捐助法"的制定或者"慈善法"的修改完善对捐助人理应享有的特权予以明确保障。当前，我国于 2016年和 2018 年先后颁布了《慈善法》和《中央高校捐赠配比专项资金管理办法》（财科教〔2018〕129 号）。显然，上述规定明显违反了现代法治的基本理念——平等保护原则；更何况与中央高校的办学经费相比，地方高校的经费本就捉襟见肘。为此，

---

〔1〕　孙羽迪："美国高等教育经费来源及启示"，载《现代教育管理》2009 年第 7 期。

〔2〕　"校友会 2020 中国大学校友捐赠排名公布，清华大学获捐 47 亿夺冠"，载 http://www.cuaa.net/paihang/news/news.jsp? information_ id=136973，最后访问时间：2020 年 11 月 8 日。

国家应当一体保护中央高校与非部属高校的捐助受领权,同时,为了更好地激励和引领社会捐助氛围,国家有必要在规范层级尽快将税收优惠、财政奖励、精神鼓励等制度上升到法律层面。

4. 举债权

在公立高校公法人制度下,高校享有举债权是实现其自身发展必不可少的权利。从目前情况来看,高校举债主要源于高校经费来源结构的不合理,即一般性拨款不足、高校事业收入低、捐赠支出少。与此同时,面对我国社会主义建设的新时期,尤其是改革开放进入新时代,高校建设与发展需要投入大量的资金,因此高校收入短缺与支出增加导致的失衡与日俱增,赋予公立高校通过适度、合理的举债来改善办学条件,促进自身发展不失为一个可行的选择。从这个意义上说,赋予公立高校适度举债权是公立高校财政自主权的应有之义。

从本质上讲,高校是否享有举债权与高校性质定位密切相关。在大陆法系国家,德国将公立高校定性为公法上的社团法人;[1]法国则将公立高校定位为公务法人;[2]英美法系国家的英国也将高校定性为公法人,因其为提供社会公共服务而建立。从现行法律制度来看,我国并未在公法上明确公立高校属何种性质,[3]仅在《高等教育法》第30条规定"高等学校自批准设立之日起取得法人资格",即我国实践中把公立大学认

---

[1] 德国高校作为学者社团表现出鲜明的"社团"组织形态,拥有较大社团权利,高校成员对高校事务享有平等参与权。参见姚荣:"迈向法权治理:德国公立高校法律地位的演进逻辑与启示",载《高等教育研究》2016年第4期。

[2] 参见王名扬:《法国行政法》,北京大学出版社2016年版,第98~103页。

[3] 我国对公立高校性质定位仍存在争议,分为两种学说:一是公权力说,该说认为高校代表国家行使公权力,是公法人,目前成为学界通说;另一种观点认为,公立高校的办学自主权是高校与生俱来的"自治权",而非来源于国家的授予,形式上属于私权利,将高校办学自主权视为私权利的性质,此即"私权利说"。

定为"事业单位法人",这体现在《民法典》第88条。从而,公立高校作为事业单位获得了名义上的举债权利。但事实上目前情况下,基于行政规范性文件的约束,公立高校不能随便举债。

未来即使公立高校被赋予了举债权,其举债权限也要受到法定限制,即公立高校不能为日常开支而举债,只能享有短期举债的权利或者就收益项目进行专项举债,即通过地方政府发行一般责任债券或收益债券。此外,公立高校举债还应建立高校贷款审批制度,[1]并在条件成熟时,可以将贷款审批制度转换为贷款许可制度;更为重要的是,在涉及举债担保抵押时,公立高校不能随意处分其受托财产,对于长期目标而享有收益的举债项目,涉及建筑物或者土地使用权担保时,必须实行严格的审批制度,高校不能"自作主张",滥用举债权对自身发展造成不利影响。因此,实践中一些地方政府鼓励甚至帮助高校置换老校区土地使用权以及建筑物以获得学校发展资金的行为值得赞同。

5. 投资收益权

将公立高校作为公法人中的特别法人,根本目的是将高校作为独立法人,不仅对外享有对抗国家和政府非法干预的权利,而且对外享有以民事主体参与民事活动的权利,因此不论从哪个角度来讲,都要求公立高校享有与教学科研有关的投资收益权。

投资收益权是高校自主权的重要组成部分。公立高校办学

---

〔1〕 2004年,教育部和财政部联合发布了《关于进一步完善高等学校经济责任制,加强银行贷款管理,切实防范财务风险的意见》(教财〔2004〕18号)以及《关于进一步加强直属高校资金安全管理的若干意见》(教财〔2004〕38号)等文件,决定从2005年1月1日起建立直属高校银行贷款的审批制度,对高等学校贷款额度从严掌握。

经费来源的结构性差异影响高校独立自主权的行使，如果公立高校的经费大部分都来自财政拨款，其在资源分配过程中的行政化色彩就会加重，由此公立高校受到有形无形的行政权力控制就越多，公立高校的财务行为就缺乏主动性，进而不利于公立高校的自主办学。因此，高校教育经费来源结构如果能呈现多元化趋势，并大幅度提高自筹经费的比例，公立高校就会对校内的财物资源享有更为充分的分配自主权，由此在一定程度上消解政府对高校的绝对控制权。[1]公立高校自筹经费的途径之一就是投资。由此来看，公立高校自主投资一方面源于对中央或地方政府教育经费拨款的不足；另一方面也源于公立高校自身教学科研行为的现实需求与冲动。

公立高校投资收益权是公立高校民事权利的重要组成部分之一。在民事活动中，公立高校作为民事主体可以以货币、实物、知识产权、土地使用权或其他财产权利出资。在投资形式上，公立高校既可以使用学校资产对外直接投资、出租或联营，也可以利用自主知识产权等无形资产出资或者成立企业法人。但是，公立高校进行投资并非不受任何限制，鉴于公立高校的资金绝大部分来源于政府拨款，其受益对象是广大教师职工与学生，由此导致公立高校的投资不仅要受到政府的合法性监管，也要受到教职工与学生的民主监督。2012年修订的《高等学校财务制度》对公立高校的投资行为作出如下限定：高校转让无形资产应当按照国家有关规定进行评估；高等学校在保证学校正常运转和事业发展的前提下，按照国家有关规定可以对外投资的，应当履行有关审批程序；高校不得使用财政拨款及其结余进行对外投资，不得从事股票、期货、基金、企业债券等投

---

〔1〕 参见解德渤："我国公立高等学校法人制度改革研究"，厦门大学 2017 年博士学位论文，第 89 页。

资；高等学校出租、出借资产、应当按照国家有关规定经主管部门审核同意后报统计财政部门审批，等等。[1]不过，对公立高校投资权的限制，应当以尊重高校办学自主权以及财政自主权为前提，并且要符合比例原则，尽最大可能保障高校及其师生正当的利益诉求。

（二）我国公立高校财政自主权的权力要素

公立高校财政自主权在对内行使时，主要体现为高校与各院系或部门、教职工以及学生之间的法律关系。高校与其内部的各院系或部门、教职工以及学生之间是管理与被管理的行政关系，高校依照法律授权行使一定的行政管理权能，其在管理内部事务中处于权力行使的主体地位。高校对内行使的财政自主权是一种对公立高校的物质与资金进行分配的权力能力。公立高校财政自主权力是指公立高校在法律规定的范围内享有自由分配、使用、处置其拥有或控制的财物与资金的行为能力，主要包括预算权和资产分配权、使用权，其中预算权又可以分为预算编制权、预算执行权、预算监督权，资产分配权、使用权又可以进一步分为动产（含资金）分配使用权、不动产分配使用权。

1. 公立高校预算权

预算权的产生与现代国家理论发展密切相关。近代社会契约论者认为，国家权力是由人民通过订立政治契约让渡给统治者的，人民有限制国家权力滥用的权利。"人民主权一个至关重要的内容就是财政主权，即人民对于国家财政收支的最高权力。"[2]也就是说人民有权监督政府的财政行为尤其是预算行

---

[1]　参见 2012 年印发的《高等学校财务制度》第 45 条、第 48 条、第 49 条、第 50 条。

[2]　张献勇：《预算权研究》，中国民主法制出版社 2008 年版，第 34 页。

为，但是公民的社会监督权是有限的、零散的，无法对抗强大的国家权力，由此"权力分工制约"思想应运而生，由人民代表组成的议会掌握预算权中的审批权与执行监督权，政府掌握预算编制与预算执行权。

我国公立高校的所有收支也效仿政府预算制度全面推行预算管理制度。为了有效控制公立高校的预算权，一般来说，公立高校也普遍采用权力分工制约模式，即将预算权进行细化和分解为预算编制权、预算执行权、预算监督权，以起到对公立高校财政自主权力监督制约的目的。即"政府主管部门、大学及其教职员工、市场主体、社会团体、学生及其家长、其他社会个体等现代大学的相关主体之间在各方面形成的相互联系、相互制约的一种机制，它直接或间接地作用于现代大学的各项活动"。[1]

（1）预算编制权。预算编制权是高校行使预算权的前提和基础，没有预算编制就没有预算的审批、执行和监督。高校财务管理的主要任务之一是"合理编制学校预算，有效控制预算执行，完整、准确编制学校决算，真实反映学校财务状况"，即坚持"量入为出、收支平衡"的原则。就公立高校而言，在"统一领导、集中管理"的财务管理体制下，其预算编制权由高校行政机构中的财务部门行使，但由于财务部门不能完全掌握院系以及其他职能部门的实际经费使用，校级预算往往先由院系、科研机构等部门先行编制，然后汇总上交学校编制全面预算。

预算编制以后即进入预算审批程序，但公立高校没有预算审批权。《高等学校财务制度》第14条规定："高等学校一级财务机构提出预算建议方案，经学校领导班子集体审议通过后，上报主管部门，经主管部门审核汇总报财政部门（一级预算单

---

［1］ 袁敏、张齐："现代大学制度视野下高校预算制度改革"，载《江苏高教》2016年第4期。

位直接报财政部门，下同）。高等学校根据财政部门下达的预算控制数编制预算，由主管部门审核汇总报财政部门，经法定程序审核批复后执行。"有学者将其总结为"二上二下"的预算编制程序。[1]这种预算编制与审批程序虽然是出于行政部门尤其是主管部门和财务部门监管的需要，但无疑弱化了公立高校的财政自主权力，而且这样的编制程序令高校的师生无法参与其中，预算编制的合法性、合理性亟待提高。如果未来把公立高校作为独立公法人对待，公立高校的预算权应当相对独立，至少无须再报经上级主管部门批准。在公立高校经费预算与主管行政机关之间应当建立一个适当的"制度藩篱"进行阻隔。国外建立这一"制度藩篱"的方式一般都是采取由独立第三方评估机构对各个公立高校的办学经费进行计算核定。设立这一"制度藩篱"的目的就是使公立高校成为真正的公法人，能够享有自主的资金使用权。

（2）预算执行权。预算执行是预算权行使的重要阶段，预算刚性是预算权能够真正发挥作用的制度基石。从实现来看，公立高校的预算执行权通常由财务部门以及各院系、各部门分解实施。由于高校的院系、各二级机构存在实践中的既当裁判员、又当运动员的现状，导致公立高校的预算执行权出现一些失范现象，如"多数高校缺乏有效的预算执行监督机制，预算执行控制的责任划分不明确，没有建立预算执行台账，资金支

---

〔1〕　具体而言，"二上二下"的预算编制程序是指："学校下属单位按实际客观需求编制预算建议数上报学校（一上）；学校审核、汇总建议数进行综合平衡后下达控制指标（一下）；接着，再由各下属单位按控制指标详细编制项目预算由学校汇总核定（二上）；最后，由学校再次综合平衡审定，并且上报上级教育主管部门平衡后，将预算信息反馈给省财政厅，财政厅按预算管理职权要求，报经人民代表大会审议后逐级下达（二下）。"参见袁敏、张齐："现代大学制度视野下高校预算制度改革"，载《江苏高教》2016年第4期。

付和预算外资金管理弱化，绩效分析与经营预警控制体系尚未建立，预算执行控制乏力"。[1] 我国的公立高校预算执行仍然存在如下诸多问题：公立高校尚未能有效对各单位、各部门的预算使用进行绩效评估；各院系、二级机构或部门随意支出，常常发生增加、调整预算问题；预算编制较为笼统，科目设置没有细化，导致预算收支与实践存在较大出入等。

当前，不论是根据《预算法》的立法精神，还是《事业单位财务规则》《高等学校财务制度》的相关规定，高校作为事业单位都应严格执行已经批准的预算。由此来看，如何强化公立高校预算执行的刚性仍然是一个亟待解决的突出问题。

（3）预算监督权。广义的高校预算监督包含国家有权部门的监督（比如教育主管机关）、财政部门监督、国家审计监督，也包括公立高校内部的财务监督、教职工和学生的监督等。基于对公立高校财政自主权逻辑构造的解读，本章所探讨的公立高校预算监督权应采取狭义理解，即公立高校的内部监督，其中包括内部审计监督、内部财务部门的监督、教职工的监督、学生的监督等。内部审计监督是指"对本单位及所属单位财政财务收支、经济活动、内部控制、风险管理实施独立、客观的监督、评价和建议，以促进单位完善治理、实现目标的活动"，[2] 由学校设立的审计部门（通常为审计处）行使这项权力；内部财务监督是指高校财务部门对预算编制、预算执行、财务收支、资产管理、内部控制进行的监督活动，与其相关的制度主要有内部控制监督、经济责任制度、财务信息披露制度等，其覆盖事前、事中和事后全过程；教职工监督和学生监督属于民主监

---

〔1〕 王明吉："我国高校预算管理现状及对策建议"，载《会计之友》2012年第32期。

〔2〕 参见《审计署关于内部审计工作的规定》（2018年审计署令第11号）。

督。从公立高校预算监督的实践来看，不仅学生无法监督预算编制执行，即便公立高校教职工的预算监督权也是乏善其陈。公立高校的内部审计监督机构与内部财务监督机构都属于高校的行政机构，因此它们很难做好监督本单位预算执行职责。总体来看，虽然我国公立高校全面推行预算管理制度，但由于缺乏强有力的预算监督机制，公立高校预算执行仍然有许多亟待完善和提高的空间。

2. 公立高校资产分配使用权

公立高校对取得的高校财产具有分配权与使用权，这是行使高校财政自主权力的表现。公立高校作为法人，在应然层面也应当享有对外独立处置自身资产的权利，公立高校法人资产分配使用权是其实现其他权利的基础。从理论上说，公立高校作为公法人组织，其财产权制度适用公共信托理论。公共信托理论可以追溯到罗马法时期，在近代古典政治哲学——社会契约论思想中获得了新发展，即政府作为受托人受人民委托管理公共财产，应尽最大努力维护受益人利益而不是委托人利益。因此，政府掌握了大量的公共信托资产所有权。公共信托财产又可分为资源性财产、行政性财产和财政性财产。[1] 资源性财产主要是指水流、空气、海滨等自然资源；行政性财产主要是指政府机关运行所使用、占用的资产，包括办公用品、公务车等动产，也包括土地使用权、建筑物等不动产；财政性财产是指基于财政分权原则而由各级政府获得的财政收入，由各级政府自行支配。公共信托理论提出的目的在于回应权利优先于国家这一思想，以限制公权力的不当行使损害基于公共财产而受益的人民。该理论认为行政性财产中的动产可以由政府自行处

---

[1]　参见吕瑞云："公法法人财产所有权问题研究"，中国社会科学院 2011 年博士学位论文，第 75 页。

分，而不动产则不能由其自行处分（有限制的处分）。

从本质上说，公立高校的财产属于行政性财产，并且基于财产性质而适用不同的规则。具体来说，在动产使用上，公立高校可以基于正当理由自行处分，以满足日常运行所需；对于土地使用权和建筑物等不动产，公立高校则不享有直接处分的权利。但是，公立高校也并非对举办人给其投入的不动产不享有任何处置权，严格意义上说，公立高校对政府为其投入的不动产仅享有按照受托的公共目的使用的权利，如果超出这一公共利益目的，则需要征得原受托人的同意。因此，国家应当结合公立高校接受政府投入资产的具体情况建立健全公立高校不动产置换或处分审批制度，以保障公立高校融通和处分闲置资产的权利。

笔者认为，公立高校在依靠财政拨款不能满足自身发展需要的情况下，可以利用资产置换的方式获取资金投入。目前，公立高校资产置换的主要方式是将公立高校的闲置土地使用权按法律程序置换或出售。在实践中，公立高校土地使用权长期闲置的状况屡见不鲜，最明显的就是公立高校的老旧校区的土地使用权。一般而言，公立高校老旧校区的土地使用权都属于划拨土地，如果不改变土地使用权的性质和用途，公立高校的大量闲置土地使用权根本无法进行资产转换和出售。但是，土地使用权性质和用途的变更需要由地方政府审批。由此来看，利用出让老旧校区土地使用权的方式偿还公立高校债务需要征得地方人民政府的同意，当然也需要征得举办者的认可。即使公立高校作为独立公法人，作为行政性资产，公立高校的土地使用权处分也不能免除上述审批程序。既然公立高校在分配使用动产与不动产时依据不同的法律规则，下面就从动产、不动产两个层面对公立高校的财政自主权力予以解析。

（1）动产（含资金）分配使用权。

公立高校的动产分配使用权包括分配、使用、收益、处分等权能。在一般动产使用上，高校享有较为充分的自主权，比如高校可以自主决定处置诸如教学设备、校园基础设施维修事项；但在特殊动产——资金分配使用上，公立高校的自主权受到一定限制。比如，教育部、财政部《关于进一步加强高校科研经费管理的若干意见》（教财〔2005〕11号）中指出，科研经费必须专款专用。[1] 又如，公立高校通过企事业单位或者个人捐赠获得的资金、教学设备等资产，如果捐赠协议明确约定了财产的使用范围和具体用途，公立高校应根据合同约定使用。

此外，公立高校在学费收取和使用上也受到一定限制。根据《高等教育法》第64条规定："高等学校收取的学费应当按照国家有关规定管理和使用，其他组织和个人不得挪用。"学费是学校经费的必要来源之一，纳入单位财务统一核算，统筹用于办学支出，但在有关规定的范围内高校仍有自主使用的空间。当然，高校对于困难学生有免除其缴纳学杂费的权力，从根本上说是公立高校对办学经费的一种处分。

（2）不动产分配使用权。

公立高校占有举办者拨付的一定规模的不动产，高校对本校的不动产享有自主分配使用的权力，包括分配教学科研机构一定的办公场所、安排学生宿舍、体育场馆的使用等。这里需要指出的是，公立高校的不动产分配使用权属于权力的范畴，各院系、二级机构、教职工、学生往往是被动接受公立高校不

---

〔1〕 类似文件还有《国家科技计划及专项资金后补助管理规定》（财教〔2013〕433号）；《关于进一步完善中央财政科研项目资金管理等政策的若干意见》（中办发〔2016〕50号）；《中央高校基本科研业务费管理办法》（财教〔2016〕277号）；《中央级公益性科研院所基本科研业务费专项资金管理办法》（财教〔2016〕268号）等。

动产分配使用的主体。为了提高公立高校各院系、二级机构、教职工、学生对公立高校不动产分配使用的话语权，需要在不动产分配使用过程中合理征求并积极吸纳下属机构、教职工、学生的意见和建议，以便最大限度地提升公立高校不动产利用的效益，同时也增强公立高校自身自主分配使用不动产的合法性基础。

在公法人视野下，政府与公立高校之间不再是单纯的领导与管理关系，而是两个相对独立的法律主体，政府的角色由公立高校的控制者转变为公立高校自主办学的监督者、指导者。但是，权力天然具有扩张属性，如果不对其加以有效监督制约，都容易发生滥权渎职的现象，公立高校的财政自主权也不例外。为了有效监督制约公立高校财政自主权力，既要注意加强国家有权机关对公立高校的外部监督，也要进一步强化公立高校的内部制约与监督，尤其应当增强广大教职工及学生对公立高校财政自主权力的有效监督。

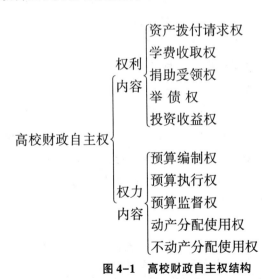

图 4-1　高校财政自主权结构

五、我国公立高校财政自主权的客体

公立高校财政自主权的客体是指围绕公立高校财务行为而产生的诸多法律关系所指向的共同对象。公立高校财政自主权的客体不同于民事权利的客体。民事权利的客体主要表现为物、特定行为、智力成果、人格、身份等。但是，公立高校作为公法人，不可能享有自然人的人格、身份利益，因而人格、身份不属于公立高校财政自主权的客体。具体来说，公立高校财政自主权的客体表现在下列几个方面：

（一）货币

货币是特殊的物，在实践中常常以资金指代。经费是高校办学的最基本条件，资金是公立高校财政自主权最主要的客体之一，其与举办者（中央或地方政府）、捐助人、学生、商业银行等形成的法律关系多以货币为客体。如果进一步细化，货币又可以划分为一般性财政拨款、专项资金、科研经费、事业收入、经营收入、贷款等具体形态。[1]货币最重要的特点就是流动性强、使用方便。在当下国家强调创新驱动发展的大背景下，巨额货币投入是创新型国家建设的关键一环，是基础研究取得成功的根本保障。只有公立高校享有较高比例的自主控制的货币，才能享有真正的教学科研自由权，因此中央或地方政府对公立高校的货币投入必须充分。

（二）不动产（含土地使用权）

对公立高校而言，不动产也是其财政自主权的重要客体之一。不动产是指在高校校园内依据自然属性或法律规定不能移动的财产，包括高校的土地、学生宿舍和教学楼等建筑物或构

---

〔1〕 根据《高等学校财务制度》第四章"收入管理"的规定，高校收入包括财政补助收入、事业收入、上级补助收入、附属单位上缴收入、经营收入、其他收入。

筑物。从实践来看，公立高校的新设、合并、改建、新建甚至撤销都涉及不动产特别是国有土地使用权的处理。不过，我国城市的土地属于国家所有，公立高校一般都建设在大中城市之中，公立高校的土地使用权一般都是由中央或地方政府划拨，无须向国家缴纳土地出让金。所以，公立高校仅仅享有对所属国有土地的信托使用权，而不享有任意处置的权利。如果公立高校拟出让、抵押政府拨付的土地使用权，则依法必须经过所在城市的地方人民政府及举办者的共同同意，否则公立高校无权单方面处置中央或地方政府拨付的国有土地使用权。

（三）动产

动产是高校常见的资产之一，多是指公立高校内部的教学设备、办公器材、文物和陈列品、图书和档案、家具、用具、装具及动植物等。根据《高等学校财务制度》对固定资产的定义，固定资产是指使用期限超过 1 年，单位价值在 1000 元以上，并在使用过程中基本保持原有物质形态的资产。因此，公立高校的动产分为固定资产和低值易耗品等，由此导致作为高校权利客体的动产在法律关系中的地位不同，即属于固定资产范畴的资产不能随意处置；对于低值易耗品，公立高校则享有很大的自由处置权。

（四）无形资产

在当前完善科技创新体制机制的大背景下，[1]知识产权对于高校的价值愈加重要。从会计核算的角度来说，高校知识产权成果属于无形资产。公立高校的无形资产是指公立高校拥有

---

〔1〕 参见《中国共产党第十九届中央委员会第五次全体会议公报》和《中共中央关于制定国民经济和社会发展第十四个五年规划和二○三五年远景目标的建议》。

或控制的不具有实体形态的非货币性资产，主要包括专利权、商标权、著作权、非专利技术、名称权。国内许多公立高校都是教学科研型大学，科学研究是国家设立高校的主要目的之一，一些公立高校通过艰辛的科学研究，取得了具有自主知识产权的专利权、商标权、技术使用权，通过产学研相结合的道路，公立高校有权自主使用或处分上述无形财产权并获得一定收益。[1]

（五）股权

2018 年发布的《国务院办公厅关于高等学校所属企业体制改革的指导意见》（国办发〔2018〕42 号）明确提出"清理高校所属企业，促使高校聚焦教学科研主业"的意见，对于清理以后仍然保留的高校所属企业，国务院要求高校成立专门的资产管理公司进行管理。为此，高校所属企业自然也成为公立高校财政自主权的一个客体。上述改革完成以后，公立高校对于经批准仍然保留企业的管理由过去的直接管理变为仅仅管理资产的间接管理。但是，公立高校的校办企业无论是独资企业还是控股、参股企业，公立高校都享有一定的自主资产管理权。只不过公立高校对所属企业的管理有几个限定：一是合目的性，即公立高校保留的所属企业必须与教学、科研密切相关；反过来说，公立高校资产管理公司对高校所属企业的管理也应当坚持这一原则。二是公立高校成立的资产管理公司是公立高校管理高校所属企业的中间平台，公立高校不再直接参与企业的经营管理，高校所属企业要建立现代企业制度，完善治理结构。公立高校所属资产管理公司对所属企业的管理也仅仅限定于资产管理，即按照《企业国有资产法》的相关规定负责重大资产

---

〔1〕　参见鲍家志："公立高校财产权的立法构造"，载《学术探索》2017 年第 2 期。

处置申报，依照法律和行政法规保障出资人合法权益，防止国有资产损失，除了依法履行出资人责任以外，高校成立的资产管理公司不得干预企业的正常生产经营活动。

我国公立高校财政自主权的
实证考察

　　英国苏格兰学派代表人物休谟在《人性论》一书中指出，事实与价值二者不能互相推导。事实只能证明，但价值不能证明，只能选择。实证考察是指把一定的社会现象作为客观事实进行观察，进而经过归纳分析和论证得出或形成一定的结论。我国公立高校财政自主权的实证考察就是把我国公立高校财政自主权的行使或履行作为一个客观存在的整体事实进行观察和描述，以期归纳和提炼一些能够对我们有所启迪的洞见。在深入考察我国公立高校财政自主权之前，作为铺垫和序曲，有必要首先简要回顾一下我国公立高校财政自主权的历史变迁。在此基础上，再进一步梳理当下我国公立高校财政自主权的运行现状。

一、我国公立高校财政自主权的历史变迁

　　考察我国公立高校财政自主权的历史变迁，应当追寻中华人民共和国成立、建设、改革与发展的步伐。根据执政党对我国发展历史阶段的权威解读，我国公立高校财政自主权大体可以分为"计划经济时期""社会主义市场经济时期"两个历史阶段。下面就依次考察回顾这两个时期公立高校财政自主权的真实面目。

（一）计划经济时期

在中华人民共和国成立以后，为加快推进实现国家现代化，基于当时的国际环境，我国长期实行高度集中的计划经济体制，在各行各业都实现了国家垄断，高等教育领域也不例外。"1955年，当时全国227所高校已全部纳入中央有关部门的直接管理范围。"[1]这一时期，我国学习苏联高校的管理模式，建立了一套高度集权的高等教育管理体制，将公立高校定位为政府的附属机构，对公立高校实施集权化管理，政府全面介入高校管理的方方面面，要求高校服从国家计划。比如，高校的设置、合并和撤销由国家决策，国家制定招生计划，甚至大学毕业生的就业也由国家统一分配。与之相呼应，公立高校内部的组织和级别设置也与行政机关相匹配，国家根据学校的主办政府级别来划分高校的级别，公立高校的领导者享受与学校级别相对应的待遇。正是由于高校的行政化管理，公立高校不享有财政自主权，其经费来源由国家拨付，支出也要受到政府各部门的极大干预。因此，这个时期的高校学术自由也受到一定限制，高校发展空间得不到有效保障。

（二）社会主义市场经济时期

由于长期受计划与集权思想的影响，国家对高校的集权化管理体制的变革是一个渐进的过程。随着改革开放的实施和深入推进，国家为公立高校自主办学松绑，公立高校的财政自主权利也渐次获得解放，其自主权力也越来越大。下面我们就详细解读这一历史进程。

1. 政府宏观调控阶段

改革开放初期，高校集权化管理的体制仍未发生根本转变，

〔1〕 曾羽：《中国高等教育制度变迁及创新研究》，复旦大学出版社2015年版，第162页。

高等教育领域出现了"给高等学校一点自主权"的呼声。[1]因为"高等教育的计划经济体制及其以国家租金激励为核心的管理体制与大学使命和大学功能实现的矛盾很快就凸显出来"。[2]滞后的高等教育不能满足经济社会高速发展带来的人才需求。1985年发布的《中共中央关于教育体制改革的决定》指出:"当前高等教育体制改革的关键,就是改变政府对高等学校统得过多的管理体制。在国家统一的教育方针和计划的指导下,扩大高等学校的办学自主权,加强高等学校同生产、科研和社会其他各方面的联系,使高等学校具有主动适应经济和社会发展需要的积极性和能力。"这个规范性文件具体明确规定了高校在教学活动、科学研究、人事任免、办学经费使用及国际交流等六个方面的自主权限,首次明确了公立高校享有财政自主权,即高校"有权在计划外接受委托培养学生和招收自费生;有权调整专业的服务方向,制订教学计划和教学大纲,编写和选用教材;有权接受委托或与外单位合作,进行科学研究和技术开发,建立教学、科研、生产联合体;有权提名任免副校长和任免其他各级干部;有权具体安排国家拨发的基建投资和经费;有权利用自筹资金,开展国际教育和学术交流等"。这说明,政府对高校的管理模式也开始从微观管理转变为宏观调控,公立高校的财政自主权不断扩大,但仍然是在极其有限的范围内施行。

---

〔1〕 1979年12月,复旦大学、同济大学、上海交通大学和上海师范大学四所高校校长联合在《人民日报》呼吁"给高等学校一点自主权",随后开启了高校改革的序幕。

〔2〕 所谓我国公立高校的国家租金激励体现为以行政等级激励制度为核心的激励约束制度。参见刘业进、刘晓茜:"简政放权、负面清单管理与落实高校办学自主权改革的制度分析",载《湖南师范大学教育科学学报》2016年第4期。

2. 政事分开阶段

时至 1993 年，中共中央和国务院印发的《1993 年纲要》明确提出："在政府与学校的关系上，要按照政事分开的原则，通过立法，明确高等学校的权利和义务，使高等学校真正成为面向社会自主办学的法人实体。""要在招生、专业调整、机构设置、干部任免、经费使用、职称评定、工资分配和国际合作交流等方面，分别不同情况，进一步扩大高等学校的办学自主权。"《1993 年纲要》更加明确地提出处理政府与高校之间关系坚持政事分开原则，并确定了高校是自主办学法人实体地位。而后，《高等教育法》将《1993 年纲要》的政事分开原则上升为法律规定，即在该法第 11 条、第 30 条分别明确规定了"高等学校应当面向社会，依法自主办学，实行民主管理""高等学校自批准设立之日起取得法人资格"，从而使公立高校取得财政自主权有了法律依据。"虽然高等学校的法人地位和办学自主权在《高等教育法》中已经得到确认，但现行法律法规体系对于高校办学自主权的具体规则存在疏漏"，[1]特别是高校法人制度的落实缺乏具体实施细则，由此导致公立高校的财政自主权仍然无法得到切实有效保障。

3. 扩大自主权阶段

2010 年，我国颁布了《国家中长期教育改革和发展规划纲要（2010—2020 年）》，提出要"推进政校分开、管办分离"，"落实和扩大学校办学自主权"，授权高校"自主确定内部收入分配，自主管理和使用人才，自主管理和使用学校财产和经费"。该份纲要虽然对公立高校财政自主权的规定并不多，但明示公立高校可以自主确定经费的收入分配，意味着高校有了独

---

[1] 孙卫华、许庆豫："差异与比较：我国高校办学自主权的思考——兼析地方高校办学自主权现状"，载《浙江社会科学》2017 年第 4 期。

立的财政支出自主权，朝着实现公立高校财政自主权的方向迈出了重要一步。此外，2013年党的十八届三中全会通过了《中共中央关于全面深化改革若干重大问题的决定》，提出："推动公办事业单位与主管部门理顺关系和去行政化，创造条件，逐步取消学校、科研单位、医院等单位的行政级别。"对高校来讲，去行政化意味着来自行政机关管理限制的弱化，对保障高校自主办学，强化财政自主权具有积极意义。

二、我国公立高校财政自主权存在的主要问题

公立高校财政自主权是其实现办学自主权的关键因素，更是高校履行办学自主权的物质保障，正如熊丙奇先生所言："高校财政不独立自主，何谈高校的办学自主。"[1]"高校财政自主权是基于高校财政产生的行为能力，高校财政是指以高校为主体，为了维持学校的正常运行而对办学资源进行配置使用的活动，主要包括收入和支出两个方面。"[2]高校财政自主权指的是高校在财务制度的制约下，为了实现自身日常教学与管理事务而具有的对资源进行分配使用的权力，也包括公立高校对政府和其他主体请求拨付经费或财产资助以支持高校正常运转及发展的权利。高校财政自主权的重要性无需多言，虽然近年来经过不断完善确实取得了一定成效，但其与人民群众与广大师生对公立高校改革的新期待仍然有一定差距。

（一）公立高校财政自主权利存在的主要问题

1. 一般性财政拨款不足

第一，近年来我国经济发展迅速，国家财政总收入不断增

---

〔1〕 熊丙奇："财政不独立，何谈办学自主权"，载《珠江晚报》2010年2月4日。

〔2〕 郭海：《大学内部财政分化》，北京大学出版社2007年版，第52页。

长，但国家教育经费投入总体不足，中央高教财政拨款占政府高校财政拨款的比例逐渐缩小。从 2015 年至 2019 年的主要指标数据（图 5-1）[1]来看，虽然与国民生产总值增长率相比，国家财政性教育经费的增长率较高，维持在 8% 上下，但我国财政性教育经费总量占国内生产总值的比重却呈现逐年下降的趋势，勉强达到了《1993 年纲要》中提出的 4% 的目标，由此足以反映出国家对于教育事业的投入依然不足，反而地方高教财政拨款占政府高教财政拨款的比例呈逐年上升的态势。中央政府为了扩大地方教育管理权力，将教育管理权力下放给了地方政府，随之而来的是将教育投入的巨大财政责任也交给了地方政府，造成地方政府财政负担的加重。尤其在 2012 年，财政部和教育部联合发布《关于进一步提高地方普通本科高校生均拨款水平的意见》（财教〔2010〕567 号），该意见规定 2012 年全国各地区地方普通本科高校生均定额标准不得低于 12 000 元，这无疑进一步增加了地方政府的支出责任。以河南省为例，2012 年至 2018 年，河南省普通高校生均拨款水平一直低于全省财政总收入增长水平（见表 5-1）。原因不在于地方是否有发展高等教育事业的意愿，而是碍于不断增加的地方事权带来地方财政捉襟见肘的局面，加之地方习惯性权利的影响，造成不能优先发展高等教育的情况。

---

[1] 主要指标数据均通过国家统计局、教育部历年数据计算得出。

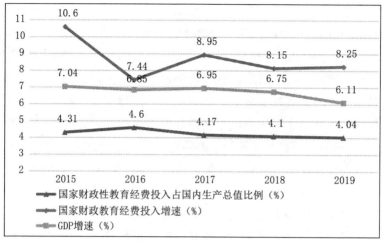

图 5-1 各主要指标对比

表 5-1 2012 年至 2018 年河南省财政收入与普通高校生均拨款数据统计表

年份	财政收入（亿元）	增长率（%）	普通高等学校生均拨款（元）	增长率（%）
2012	3282.48	15.1	11 007.33	26.54
2013	3686.81	12.32	10 681.49	-2.96
2014	4094.78	11.07	12 231.98	14.52
2015	4426.96	8.1	12 572.33	2.78
2016	4706.96	6.3	12 601.16	0.23
2017	5238.35	11.29	13 741.99	9.05
2018	5875.82	12.17	14 225.61	3.52
年平均率	—	10.91	—	7.67

注：数据来源于《2019 年河南统计年鉴》以及教育部历年《全国教育经费执行情况统计表》。

第二，国家教育拨款的标准不完全合理。自 1985 年至今，我国一直采用"综合定额+专项补助"的拨款模式，综合定额依靠的是在校生人数和生均成本，公立高校的普通经费拨款等于在校生实际人数乘以生均综合定额标准。但是由于不同层次的学校、不同地区对于学生的培养成本不可能完全一样，并且学校之间资金的使用效率也存在差异，生均综合定额标准过于笼统，"没有和高校教学质量、办学特色、办学效益挂起钩来，缺乏对高校在提高教学质量方面的引导和激励作用"，[1]因而不够细化且灵活性不足。笔者统计了河南省四所不同层级的普通高校，以试图说明上述情况。从表 5-2 可以明显看出，"一流大学"建设高校 Z 大学和"一流学科"建设高校 H 大学对学生的教育培养成本明显高于普通一本、二本高校；也会出现低层级大学教育培养成本高于高层级大学的现象，即普通一本高校 S 大学教育培养成本低于普通二本高校 C 大学。这足以说明，从总体趋势来看，层级越高的大学其学生教育培养成本越高，并且不同层级学校基于自身差异对教育的投入亦有所不同，因此如何将高校定位差异化因素纳入高校拨款决策值得思考。此外，这种模式还存在透明度偏低的问题。一方面，在高等教育经费的拨付上实行政府行政决策，决策的过程是不公开的，造成政府与高校之间的信息不对称；另一方面，由于信息不对称的存在，高校及其领导往往会利用优势地位或者交际能力"向上活动"，争取更多的经费拨款，这会导致高校之间发展差距愈发加大。

---

〔1〕 付剑茹、部雅玲："地方高等教育投入的实证研究——基于财政拨款的研究"，《教育学术月刊》2011 年第 8 期。

表5-2 河南省四所高校2015年至2017年度教育培养成本

高校	层级	教育培养成本（元/生、年）		
		2015	2016	2017
Z大学	一流大学	27 195.49	30 511.28	34 315.51
H大学	一流学科	28 027.89	28 922.42	34 052.26
S大学	普通一本	21 082.05	20 749.26	25 386.69
C大学	普通二本	25 914.18	28 014.17	29 232.74

第三，公立高校一般性财政拨款存在地区、层次差异。具体来说，"地区间的经济差距与高等教育投入差距存在显著的相关性"，[1]我国东部地区对高校的拨款力度要远远大于中西部地区对高校的拨款力度，由于各地区公立高校拨款水平差异过大，导致了各地区公立高校的发展水平很不平衡，比如表5-3中，上海、湖北、山西与四川等省市2018年财政性高校教育经费支出分别占当年政府财政支出的8.11%、7.92%、4.77%、和6.08%，呈现明显的东西部地区差异；中央直属高校与地方所属高校的拨款水平之间差异也很大，教育部在《关于政协十三届全国委员会第二次会议第0364号（教育类032号）提案答复的函》（教提案〔2019〕第71号）中指出，"中央部委所属院校为118所，地方管理的高校2838所，地方管理普通高校占全国普通高校总数的96%"，"央属高校的本科生只占全国本科生的8%，但这些中央直属高校却占了整个中国高等教育30%的资源"。[2]比如2018年，中央直属高校获得了32.25%的国家政策

---

〔1〕 蔡文伯、黄晋生："我国省际间高等教育投入差距的实证分析——基于省级面板数据"，载《教育与经济》2016年第4期。

〔2〕 "严重旱涝不均：央属高校占30%的资源，培养8%的本科生"，载 https://www.sohu.com/a/332678773_755288，最后访问日期：2021年8月24日。

性教育经费，地方普通高校仅获得了不到 60% 的政策性教育经费。[1]这种地区间高等教育拨款现状会进一步加大不同地方不同高校之间高等教育质量的差异。

表5-3　四省市 2018 年高等教育经费支出数据

地区	财政性高等教育经费投入（亿元）	财政支出（亿元）	财政性高等教育经费投入占财政支出比重（%）
上海	678.10	8351.5	8.11
湖北	575.09	7257.55	7.92
山西	204.49	4285.4	4.77
四川	527.33	8673	6.08

注：数据来源于教育部、国家统计局公开信息，部分数据经计算整理得出。

2. 专项资金的拨付与管理混乱

高校专项资金指的是中央或地方政府及其相关部门、其他社会主体基于某种特殊政策考量而对高校作出的一定数额的资金安排。其中包括高校用于科技、修缮等方面的专项费用和资金，同时还包括重点建设项目专项资金以及课程建设过程中所需要的专项资金。与作为高校财政收入来源之一的政府一般性拨款经费相比，高校专项资金具有以下特点：一是专项资金来源具有多样性。专项资金主要由政府拨款、自筹资金以及各种社会捐助构成，来源渠道要比政府一般性经费多。其中，自筹资金主要是通过校办产业企业、提供培训等社会服务方式获得，

[1]　根据 2018 年《中国统计年鉴》以及《中国教育经费统计年鉴》得出。

虽然方式多样但资金总量有限。二是专项资金使用具有专属性。专项资金的使用范围宽泛但是只能专款专用，根据使用用途不同可以将专项资金划分为基本建设类资金、事业发展专项基金以及其他项目专项基金。虽然专项资金的投入范围很宽泛，但是在使用过程中必须坚持专款专用的原则，目的是为了避免与其他资金混合从而拉低专项资金的使用效果，导致专项目标难以实现。三是专项资金一般数额都比较大，占用周期较长，大部分的专项项目都要经历几个会计年度才能完成。

基于专项资金的特点，我国目前公立高校在专项资金的管理使用中主要存在以下问题：

第一，专项资金管理使用制度不健全，普遍存在重立项而轻管理的倾向。由于专项资金的划拨额度不断加大，逐渐成了高校收入来源的重要组成部分，高校为了获得更多的教育经费而花费大量的时间和精力去申请专项项目，在项目立项成功之后，却缺乏完善的管理制度和执行制度，导致专项资金使用效率普遍不高。[1]

第二，由于高校将主要精力放在了申报专项项目上，对于预算编制就不够重视，只要是对于申请项目有利，就编制有利于项目申请的预算，没有从学校的实际情况出发，预算编制缺乏科学性，[2]使预算制度未能有效约束日常资金管理，高校随意更改预算方案，支出较为任意，资金管理混乱。比如"目前新校区建设的大额支出较少，为充分使用资金，将力度转移到资产添置更换上，导致购入一些未经充分论证而非迫切需要的

---

〔1〕　参见郑庄："高校修购专项经费管理存在的问题及对策探讨"，载《教育财会研究》2011 年第 3 期。

〔2〕　参见徐红丽："高校专项经费管理存在的问题与对策"，载《行政事业资产与财务》2014 年第 18 期。

资产，预算立项时件件需要，采购到位后才发现并非急需，造成资源极大浪费"。[1]

第三，高校挪用、挤占专项资金问题严重。近年来，大部分高校均存在不同程度的扩招与扩建现象，由此引发了收入与支出之间张力的增大，因此一些自筹资金能力较弱的高校往往通过争取高校专项资金的方式满足扩招、扩建的需要，或者在获得财政专项资金后直接挪用于其他支出。如2017年，云南省楚雄师范学院、文山学院、滇西科技师范学院、普洱学院、红河学院、丽江师范高等专科学校、德宏师范高等专科学校7所省属高校近三年挪用教学资金3147.81万元修建教职工住房，挪用国培计划项目资金1126.45万元购置设备，未计提或少计提校级专项助困金2860.76万元等。[2]

第四，对我国高校专项资金的使用尚未形成有效的约束机制，缺乏有效的审计监督机制。公立高校的内部审计尚未对高校专项资金形成有效监督制约作用的原因如下：一是审计机构的非独立性。审计部门作为高校内部行政机构部门，在执行审计任务时往往会受到学校领导与其他部门的压力，甚至与纪检监察部门合署办公，审计独立性被弱化，审计实效无法保障。二是审计覆盖范围非常狭窄。高校审计主要针对财务收支活动、专项教育资金的管理、使用和基本建设工程项目等事项，未能对高校落实国家政策、发展规划等实施专项审计监督。三是审计方法单一，高校普遍采用传统的手工审计方式，忽视对信息技术的运用，不仅导致审计效率不高，而且也浪费大量人力物

〔1〕 谢龙、吴孝春："大学财产使用管理存在的问题及对策研究"，载《国有资产管理》2020年第3期。
〔2〕 数据来源于《云南省人民政府关于2017年度省级预算执行和其他财政收支的审计工作报告》。

力。上述情况在很大程度上制约了内部审计职能的发挥。

3. 科研成果转化限制过度

尽管作为科学研究的主要基地，公立高校贡献了大量科技成果，促进了我国经济社会的发展。比如，在 2018 年度国家科学技术奖评选结果中，"全国共有 113 所高校作为主要完成单位获得国家科技奖三大奖通用项目 185 项，占通用项目总数的 82.6%，连续 4 年占比超七成，其中有 76 所高校作为第一完成单位的获奖项目数为 147 项，占通用项目授奖总数的 65.6%"。[1]但如果从科技成果转化来看，科研成果转化率并不高。"目前我国每年科技成果转化率只有百分之二十，而发达国家科技成果转化率为百分之八十左右，差距巨大。但在百分之二十的科技转化成果中，最终形成实际产业的科技成果只有百分之五左右。"[2]科研成果在转化上存在"最后一公里"受阻现象，不仅造成科研成果转化效率低，也影响了科研人员的积极性与创造性。

导致高校科研成果转化受到限制的外部原因主要有配套机制未落实、科研非市场化导向以及科研奖励机制不健全等。

第一，高校自主利用自己的科研成果与其他单位合作成立高科技公司的权利得不到保障，其中一个重要原因在于促进科研成果转化的政府配套机制不健全。尽管我国一直强调科学技术的重要作用，并先后出台且修订了《专利法》（1984 年）、《促进科技成果转化法》（1996 年）等相关法律，颁布实施了诸如《中共中央、国务院关于加速科学技术进步的决定》（中发〔1995〕8 号）、《科技部、教育部关于充分发挥高等学校科技创

---

〔1〕 教育部："我国高校科研国际影响力稳步提升"，载 http://www.moe.gov.cn/jyb_ xwfb/s5147/201901/t20190109_ 366426.html，最后访问时间：2021 年 8 月 25 日。

〔2〕 吴顺恩："如何破解高校科技成果转化的瓶颈"，载《中国高校科技》2015 年第 5 期。

新作用的若干意见》（2002 年）、《关于实施〈中华人民共和国促进科技成果转化法〉若干规定》（国发［2016］16 号）、《关于扩大高校和科研院所科研相关自主权的若干意见》（国科发政［2019］260 号）等一系列行政规范性文件，但从实践来看，科研成果转化的配套机制并未完全落到实处。比如，在科研转化上，财政部与国家税务总局联合发布《关于促进科技成果转化有关税收政策的通知》（财税字［1999］45 号），对科研机构、高校研究开发高新技术、转化科技成果实施税收政策，如"税收优惠备案复杂，尤其是递延纳税执行偏差问题严重"，[1]但很多高校和企业并未享受到政策红利。此外，科研成果转化需要各方参与，"科研成果转化的核心是转化环节，对转化环节的开放，不能仅限于科研单位与科研人员，很多科研成果既非由科研单位转化成功，也不是由科研人员转化成功，往往需要引入转化中介的积极参与"。[2]但目前高校普遍存在科研成果转化无专业人士操作，也没有相应的信息和平台。

第二，实践中"'过于倚重学术导向功能，疏离经济社会发展需求'仍然充斥于当下的高校学术评价体系中"，[3]导致高校科研不能适应市场需求。一方面，现有学术评价机制不利于科技成果转化，盲目追求数量而忽视成果的转化与运用。另一方面，"部分高校科技成果转化在相关的技术研发过程中，有的完全依靠学者研究的领域进行拓展，有的则是政府和教育主管部门进行课题委托，还有的是科研机构间合作为企业进行专门

---

〔1〕 周海涛、郑淑超："高校科研体制七十年变革的历程和趋向"，载《高等教育研究》2019 年第 9 期。

〔2〕 吴琦、朱彤："基于五权分享的科研成果转化创新模式研究"，载《南方经济》2019 年第 5 期。

〔3〕 李鹏虎："知识生产模式转型与高校科研评价改革"，载《江苏高教》2020 年第 10 期。

性成果研发", [1]其研究课题往往着眼于理论上先进的问题，忽视了市场机制在调整科技成果转化的作用，与党的十八届三中全会提出的"健全技术创新市场导向机制"目标不符。

第三，科研激励政策与措施不到位。根据 2015 年的一项调查结果显示："科研人员奖励政策落实现状不理想，只有 59.2%的获年终绩效奖励，45.3%的成果转化纳入职称评定，29.7%的获技术转让收入提成，而获税收减免的仅占 15.3%。" [2]此外，科研人员对科技成果不享有完全的所有权，科研成果的处置、分配均由科研单位决定，其原因在于我国公立高校由国家出资，国家对基于科研经费而实现的科技成果享有所有权。不过 2015 年修改的《促进科技成果转化法》赋予成果完成人和参与人一定程度的分配权与收益权，但仍须遵守"不变更职务科技成果权属的前提", [3]仍然未从根本上改变当前科研成果转化中科研人员和科研单位之间的所有、处置及分配关系。

正是这种负面激励的科研转化环境，致使公立高校科技转化现状堪忧。科研成果转化对高校实现财政自主权来说十分重要。《促进科技成果转化法》明确规定国家鼓励、支持高等院校进行科研成果转化, [4]这对高校来说无疑是利好消息，但法律

---

〔1〕 金花："高校科研成果转化的实现机制构建"，载《中国高校科技》2019 年第 12 期。

〔2〕 中华人民共和国教育部、中华人民共和国科学技术部编：《中国普通高校创新能力监测报告》，科学技术文献出版社 2016 年版，第 70 页。

〔3〕《促进科技成果转化法》第 19 条规定："国家设立的研究开发机构、高等院校所取得的职务科技成果，完成人和参加人在不变更职务科技成果权属的前提下，可以根据与本单位的协议进行该项科技成果的转化，并享有协议规定的权益。该单位对上述科技成果转化活动应当予以支持。科技成果完成人或者课题负责人，不得阻碍职务科技成果的转化，不得将职务科技成果及其技术资料和数据占为己有，侵犯单位的合法权益。"

〔4〕 该法直接涉及高校科技成果转化的条文为第 18 条至第 21 条、第 24 条至第 28 条、第 43 条、第 46 条。

规定如何落实、促进机制如何构建仍需进一步思考。但不可否认的是，高校通过科研成果转化，不仅能够推进产学研相互融合，推动学校科研水平的提高，更能为学校创造经济收益，直接增加高校的事业收入或经营收入，促进学校教育发展。因此，从长远来看，有必要逐步解除对当前高校科研转化权行使的不合理限制，确保高校财政自主的实现。

4. 高校举债自主权不明

关于我国高校是否享有举债自主权的问题，法律上一直未作明确规定。作为高等教育领域的基本法律，2018 年修正的《高等教育法》依然没有关于高校举债的相关条文，只在第 60 条规定了高校可以从多渠道筹措办学经费，从法律的明确性要求来看，该条语焉不详，未明确高校是否可以通过借贷方式筹措经费。但是，作为上位法的《教育法》不仅在第 54 条规定了高校"多种渠道筹措教育经费"的体制，而且还在第 62 条明确规定了"国家鼓励运用金融、信贷手段，支持教育事业的发展"。如果按照体系解释的观点，《教育法》实际上赋予了高校有举债的权利，但对举债的条件、数额、程序等问题未作出具体规定。基于体系性解读，在事实层面，高校向银行借贷的事例屡见不鲜，甚至推出了所谓的"银校合作"模式，高校贷款总量随之陡增。[1]据相关资料显示，截至 2016 年，我国高校负债总额已逾 2600 亿元，高校基础建设资金超过 80% 来自银行贷款。对高校来说，如此巨额的债务远超其资产以及偿还能力，

----

〔1〕 "1999 年 8 月，中国银行与清华大学在国内率先签署了标志双方战略合作伙伴关系的银校合作协议。现今，中国银行已与清华大学、北京大学、复旦大学、南开大学、上海交通大学、哈尔滨工业大学等十几所院校签署了总计 200 多亿元融资额度的银校合作协议。"参见黄新建、陈楠："我国高等教育融资途径初探"，载《南昌航空工业学院学报（社会科学版）》2005 年第 1 期。吉林大学也曾于 2000 年合并完成后，至少分别向中国工商银行和中国农业银行分别借款 15 亿元和 20 亿元

成为悬在其头顶的"达摩克利斯之剑。"

　　与之相伴随的是，高校债务问题也带来诸多不良后果：①高校腐败，尤其是基础设施建设、侵吞国有资产问题；②高校教育经费用于还贷，不能满足人才培养需求。以河南省某高校为例，该校2015年、2016年和2017年总收入分别为6.6亿元、6.79亿元、7.06亿元，而当年利息支出分别为0.98亿元、0.98亿元、0.75亿元，利息支出占当年总收入比重分别约为14.8%、14.4%、10.6%。从中可以看出，该校有至少1/10的收入用于偿还利息支出，使得本就紧张的教育经费更无法满足日常需求。③高校贷款长期无法偿还。如前文所提及的河南省C大学，该校在2010年合并新设，并新建了校区，其债务总额至今仍高达17亿元之多，这对高校来说无疑是沉重的负担。

　　那么，高校缘何借债数额如此之大呢？根本原因在于高校的收入与支出存在严重失衡：一是政府财政拨款不足。《1993年纲要》指出"逐步提高国家财政性教育经费支出占国民生产总值的比例，本世纪末达到4%"。而这一目标的实现竟然是在约20年后的2012年。在2005年至2015年10年间，高等教育经费仅增长了约1.7倍，[1]而同期财政总收入增长了约4.8倍，高等教育经费增幅未能"跑赢"财政总收入增幅。二是高校扩张引

（接上页）用于校区基础设施建设等，以至于逾期无法还款向社会公开征求还款建议。各地还掀起兴建大学城的热潮，无疑推动了高校债务的高涨，如浙江省六大高教园区总投资为219亿元，政府拨款仅为4.8亿元，这意味着高校需要自筹200亿元；广州大学城计划投资120余亿元，几乎都由贷款筹集资金。广东省教育厅与财政厅于2003年联合发文给予大学城项目贷款全额贴息，其中教学区95亿元贷款（建行75亿元，开行20亿元）贴息8年，生活区40亿元贷款（全部为开行贷款）贴息3年。参见李文江：《公立高校贷款制度研究》，经济科学出版社2008年版，第248页。

　　〔1〕　数据来源于2005年至2015年《中国教育经费统计年鉴》。

发资金紧张。高校扩张源于 1999 年，在此后的 20 年时间里，各地高校为满足学生数量扩张带来的教学资源紧张和教学设施不足的困境，纷纷开始扩建、新建校区，并采购大量教学仪器设备和图书资料。但政府财政拨款却未大幅提高；相反，高校支出远超收入，为解决燃眉之急，一些高校只能利用事实上的举债权向银行借款，满足资金需求。因此，从实践来看，高校举债自主权未被明确赋予的现状有碍高校健康有序发展。

(二) 公立高校财政自主权力存在的主要问题

1. 高校预决算体制不健全

就预算编制而言，目前高校采用最多的预算编制方法是增量预算法和零基预算法。增量预算法是以现行预算为基础并预测变动量来测算相关收入和支出的预算编制方法。该方法的优势在于公立高校领导可以在一个相对稳定的基础上管理内部各院系与部门，而且这种方法相对容易操作和理解，容易实现协调预算。弊端在于难以调整支出结构，极易造成预算的随意增加，降低了预算的约束力。零基预算法是指编制预算不受以往经费收支实际情况约束，不考虑现有基础，一切均以零为基础，根据经济业务活动本身的必要性、合理性来测算收入支出的方法。与增量预算法相比，该方法虽然可以更为有效地分配教育资源，但是在实践中由于缺乏充分的论证，材料的准确性和真实性也无法进行甄别，所以在制定预算方案时具有很强的主观性。同时，高校资金来源呈现多元化的发展趋势，"现有管理水平难以做到准确的全收全支的全口径预算管理"，[1]即高校下属的各个院系、各个部门的收入与支出难以全部被纳入学校综合预算，资金实行体外循环，这样一来就脱离了预算的监督管理，极大地

---

〔1〕 赵善庆："公立高校预算管理问题与对策"，载《财会通讯》2015 年第 10 期。

破坏了高校财政的正常秩序。而且高校的预算体制也存在问题。高校坚持自上而下地编制程序，虽然便于监管各部门的财政情况，但是容易缺乏科学性和民主性，根据此程序编制的预算很大程度上是根据各部门上一年度的预算执行情况制定的而忽视了每个部门的实际情况，容易出现预算与各部门实际财政情况的偏差。

在预算的执行过程中同样存在一些不规范现象。比如，"实际操作中许多高校缺少对预算年度各预算指标的量化分析和科学论证，依旧按照'技术+增长'的预算方式确定预算数，等到预算资金到位，各预算部门实际预算支出数与预算支出数存在差异时，要么是由人为改变预算，要么是频繁申请增加预算"。[1] 公立高校的预算一旦发生了混乱，各学院的预算资金就难以进行合理分配，某些急需资金的部门有可能不能获得足够的预算资金，而预算资金富足的部门会出现滥用预算资金的现象。在当前市场经济大环境下，要求公立高校在按照上级制定的计划下充分发挥主观能动性，做好预算管理工作。而许多高校目前所欠缺的正是这种自主办学意识，不能建立起科学的预算管理机制和严格的预算监督机制，从而致使预算在执行中约束力不断减少，每年度预算的支出数额要远远高于年初的预算数额。

高校的整个预算体系中缺乏完善的监督机制。一套严谨的监督体系应包括事前监督、事中监督、事后监督等，就预算程序而言，事前监督主要针对预算审批过程，主要审查是否合乎程序，至少在目前我们要保证预算审批程序的透明性。事中监督主要集中在预算执行程序中，通过注重发挥审计部门的作用，制约预算使用过程中的随意性、无序性，同时还要注重资金分配的合理性，将预算资金使用在最需要的地方，避免盲目使用，

---

〔1〕 贾杰："高校构建财政预算'编制、执行、监督'三位一体管理框架探讨"，载《科教文汇（中旬刊）》2008第12期。

提高预算资金的使用效率。事后监督对整年度预算情况进行的监督，包括对预算的审批、制定、执行等各阶段的全程监督，是对年度预算状况的回顾、总结和检讨。

2. 科研经费使用缺乏有效制约

科研经费是推动高校学术研究、科技创造的物质基础，如果使用不当，会挫伤高校科研人员的积极性，导致科研项目荒废。所以，对科研经费的使用需要一套完整的监督制约机制，但是事实却往往不尽如人意。

科研经费的使用过程主要由三方面组成：立项前预算、项目进行中开销、项目完成后核算。下面分阶段予以解析。

就立项前预算这一阶段来说，存在的主要问题是高校预算目标与责任意识欠缺，不能合理使用预算资金。比如，在项目选择时缺乏合理分析，没有对项目的效率进行认真预估，在决策时有较强的主观性和盲目性。多数高校的预算编制不严谨，没有具体到科研项目，致使资金不能物尽其用。同时，由于有的科研人员虚列科研经费支出项目，导致预算编制不够细化，让科研经费预算指导和规范科研经费使用的作用大打折扣，造成资金利用率不高，出现了大量的资金浪费现象。除此之外，还存在着一个突出问题——科研经费的分配与科研项目申请人之间信息不对称。科研经费本身作为一种资源具有稀缺性，因此在科研经费的分配上首先应当考虑申请人的学术能力和水平，保证经费与科研人员的学术水平相匹配，但现实情况却是科研经费没有做到最优分配，原因在于科研经费测算不尽合理。近年来，我国科研经费增长速度很快，2019 年全国支出 22 143.6 亿元，比 2011 年增长 12.5%，占国内生产总值的 2.23%，[1]但

---

〔1〕 数据来源于国家统计局、科学技术部、财政部最新公布的《2019 年全国科技经费投入统计公报》。

是在科研经费的分配过程中一直是以项目为主，人员费最高按
20%的固定比例分配。人员费固化的弊端在于科研人员收入过
低极易导致科研人员流失，极端者甚至会铤而走险，以虚开发
票的方式获取科研经费。在科研经费的分配方面不能只注重硬
件设备的提升，同时也需要适度提高科研人员的待遇。2021 年
8 月 5 日，《国务院办公厅关于改革完善中央财政科研经费管理
的若干意见》（国办发［2021］32 号）发布，该文件大幅度扩
大了科研单位及科研人员对于科研经费的使用自主权，加大科
研人员激励力度，明确间接费用比例最高可以达到 60%，奖励
费用可以提取到稳定支持科研经费中的 20%，扩大劳务费开支
范围等。国务院的这一规定无疑能够极大调动广大科研单位和
科研人员的积极性。

　　科研经费在使用过程中也存在问题。科研经费采用课题负
责人负责制，经费划拨下来先由高校扣除留成部分，剩下的经
费全部交由课题组自行使用，这样一来高校的财务就难以对余
下的经费进行监督。由此引发科研经费腐败，"高校科研经费腐
败手段和形式各异，但基本内容主要是在发票报销上（经过财
务部门变现）、劳务费或专家咨询费上（不用发票就可以变现）、
高价购买设备吃回扣上（不经过财务部门就可以得到报偿）做
文章"。[1]此外，科研经费报销依然存在漏洞，这主要是经费管
理人员在主观认识上存在着误区，认为自己对科研经费只是代
为保管而不是监督管理，对科研经费在报销时的审核尺度会比
较宽松，仅仅审查票据形式上是否合法、各项手续是否齐全，
这种审核方式难以对科研经费的实际使用形成有效监控。

　　此外，在科研项目结项以后的经费使用上也存在一定问题。

――――――――――

〔1〕　万丽华、龚培河："高校科研经费腐败的形式、根源与对策研究"，载
《科学管理研究》2014 年第 5 期。

科研项目有纵向课题与横向课题之分。其中，纵向课题指的是国家项目或地方政府项目，政府与高校之间的法律关系属于行政法律关系；横向课题是自然人或一般法人委托高校实施的科研项目，属于民事法律关系范畴。[1]政府部门委托的课题属于纵向课题。在科研项目结束以后，如果存在结余经费，会将其中一部分用作课题组的奖励，另一部分作为发展基金。而发展基金的用途在于补助科研发展支出，但是因为其不再属于科研项目，基本上处于无人管理的状态，主要由课题负责人控制，科研经费的使用就有很大的随意性，许多课题组负责人在项目完成后没有进行资金结算，而是将该项目的经费留存以继续开展下一个项目，这就是所谓的"结题不结账"现象。该现象的出现导致许多固定资产不能进行清理，剩余资金也无法进行分配，增加会计人员财务管理负担的同时也造成了教育资源的浪费。同时，科研人员在完成科研项目之后，没有相应的劳动报酬，"部分科研人员为了实现人力资本投入的合理补偿，将难以核算的人力成本'票据化'，通过虚假票据及虚假合同等违规手段来补偿自己的劳务付出，致使虚列成本支出、科研经费违法违规使用行为的发生"。[2]比如，北京邮电大学教授宋某强采取虚订劳动合同的方式贪污科研经费 68 万余元；浙江大学教授陈某旭通过虚开发票、编制虚假账目等手段贪污科研经费近千万元。虽然纵向课题是国家项目，但科研人员在科研活动中做了大量工作，获得报酬不仅是对他们工作的认可，更是对他们劳

---

〔1〕 通过横向课题形成的是民事法律关系，意味着高校与委托人之间订立了合同，那么从课题立项至项目完成都应该遵循市场方式，科研人员获得的报酬应该由课题组和委托人商议决定。

〔2〕 参见付晔、孙巧萍："科研经费使用行为的关键影响因素分析"，载《科学学研究》2017 年第 5 期。

动成果的尊重。[1]

3. 公立高校国有资产流失问题值得关注

公立高校国有资产流失通常有两种形式：一是公开流失。这种流失一般来说是在国有产权的交易中发生的，由于事前对资产的评估不够精确，甚至是漏估国有资产，从而引发国有资产的大量流失。二是潜在流失。多是因为国有资产监管不力或是运营出现失误导致的。我国公立高校国有资产的形成途径是由国家投资、拨款以及社会的捐赠所得，高校有使用国有资产进行科研教学活动的权力，但是目前来看，该权力的行使有滥用的风险，可能导致国家投资的财产无法发挥其预期的作用，具体表现为以下几个方面：

第一，公立高校国有资产的闲置流失。许多公立高校因决策失误，高校内部各院系在采购教学实验仪器时只考虑自身，单独进行采购，然而在教学科研活动中使用频率很低，造成一些设备长期处于"休眠状态"，而且又不愿将设备外借，造成设备的使用率不足，甚至许多设备自采购到更换都没有使用过。此外，还有一些高校为了建设形象工程，展示自身的科研力量，从而达到扩大招生影响力的目的而购置了许多尖端的设备，但是在院系内部找不到可以使用、管理尖端设备的人，从而导致设备的闲置。"如云南某高校在 2013 年进行的一次验资过程中，会计师事务所只通过简单的抽盘就发现学校固定资产账实不付

---

[1] 习近平指出："要建立以信任为前提的顶尖科学家负责制，给他们充分的人财物自主权和技术路线决定权，鼓励优秀青年人才勇挑重担。要用好人才评价这个'指挥棒'，完善科技人员绩效考核评价机制，把科研人员创造性活动从不合理的经费管理、人才评价等体制中解放出来，营造有利于激发科技人才创新的生态系统。"参见习近平："深刻认识推进量子科技发展重大意义 加强量子科技发展战略谋划和系统布局"，载 http://www.xinhuanet.com/2020-10/17/c_ 1126623288.htm，最后访问时间：2021 年 8 月 25 日。

达 3000 万元以上，已停用闲置的残次过时损坏的设备但仍在账上的达 1500 万元以上，尤其以电脑设备较为突出，已处置转让但仍挂在账上的资产达 2000 万元以上，有的高校此种情况还更高。"〔1〕

第二，科研成果转化不规范引起国有资产流失。科学研究取得的成果作为高校非常重要的财富之一，需要妥善保管和使用。然而，在实际操作中，许多高校的科研成果正面临流失的危险。比如，一些高校为了获得知名度而忽视保密规定，将许多重要的科研成果通过学报、学术交流或外宾参观等方式公之于众，还有部分高校对科研成果的监管十分不严谨，欠缺登记和申报制度，不能严格执行相关的监控体制，致使部分科研成果得不到重视而流失校外甚至国外。

第三，高校校办企业管理混乱，国有资产产权不明晰。根据教育部公布的数据来看，截至 2013 年底，全国高校校办企业共 5279 家，其中，一级企业 1797 家，二级企业 1566 家，三级及以下企业 1916 家。从高校是否享有控股地位来看，国有控股企业有 3985 家，占比为 75.49%，非国有控股企业仅 1294 家。〔2〕从实践来看，这些国有控股的校办企业挂靠于高校行政部门名下，管理上受制于高校与行政职能部门，因此在企业发展过程中，常常会发生学校股东资产与校办企业法人资产的"混同"，高校资金被大量用于非教学科研目的；校办企业责任等同于高校责任，导致公立高校为这些校办企业承担兜底责任，造成国有资产流失。需要说明的是，尽管一些公立高校与校办企业产

---

〔1〕 胡服、杨春丽："资产管理乱象及治理对策探析——以 A 高校为例"，载《经济师》2015 年第 5 期。

〔2〕 参见教育部 2014 年《高等学校校办企业统计概要》。

权不明、责任不分问题严重,〔1〕但对于公立高校而言,举办与教学科研有关的校办企业属于其财政自主权的体现之一,校办企业可以为学校增加收入,促进"产学研深入融合",如清华控股有限公司〔2〕等。因此,有必要推进校办企业管理体制改革,规范高校财政自主权。〔3〕

第四,高校领导滥用职权,渎职侵吞高校国有资产。近年来,高校腐败案频发,主要涉及高校领导贪污国有资产、借助工程建设权力寻租,如浙江大学前副校长褚某因涉嫌贪污、挪用公款被判刑;四川大学前副校长安某予因在高校工程建设等方面为他人谋取利益收受贿赂被判刑;安徽中医药大学前校长王某纵容亲属插手学校工程建设,并伙同亲属非法收受他人财物而被判刑。从现实来看,公立高校领导职权缺乏有效监督制约,诱发"权力寻租",如果对其财政自主权力不加以有效规范制约,公立高校贪污腐败的现象将难以杜绝,高校财政自主权的规范行使与高效运行永远只是空谈。

三、公立高校财政自主权缺乏有效规范运行的成因分析

现行公立高校财政自主权存在上述问题不是一个方面的原

---

〔1〕 如北大方正集团于2020年2月19日被北京市第一中级人民法院依法裁定进入重整程序。参见《北大方正集团有限公司关于2019年度财务报告及2020年第一季度财务报表披露的说明公告》。

〔2〕 据2018年清华控股有限公司年报显示,截至2018年12月31日,清华控股有限公司总资产为4877.01亿元,负债为3597.64亿元,营业收入为1364.75亿元,净利润为17.66亿元,全部利润都将归属于清华大学。

〔3〕 为推动高校校办企业体制改革,2015年,教育部发布《关于进一步规范和加强直属高等学校所属企业国有资产管理的若干意见》(教财〔2015〕6号);2018年,国务院办公厅下发《关于高等学校所属企业体制改革的指导意见》(国办发〔2018〕42号),明确要"推动高校所属企业清理规范、提质增效,促使高校聚焦教学科研主业,提升高校治理体系和治理能力现代化水平,促进高等教育内涵发展,办好中国特色社会主义大学"。

因。如果从"良法""善治"的视角来看，公立高校财政自主权诸多问题的出现，既有制度供给本身的问题，也有已有财务法律制度执行不到位的问题，更有各方面的监督制约机制不完善的问题。下面我们逐一对其进行剖析。

（一）公立高校财政自主权法律制度供给缺位

第一，公立高校财政自主权的内容在法律上界定不清晰。公立高校财政自主权虽然在法律上得到了公开确认，即《高等教育法》第 32 至第 38 条规定的高校享有自主管理和适用财产的权利，但是现行法律法规没有对财政自主权的性质、内涵与范围进行清晰解释。目前，关于公立高校财政自主权的规定较为笼统，缺乏实施细则，导致法律虽然明文规定了公立高校可以自主管理内部资产、分配资金，但是公立高校的财政自主权究竟可以达至什么程度，公立高校滥用财政自主权由谁来监督，权利行使受到干预或者政府作为义务人不履行时如何寻求救济，法律对这些问题都没有作出明确规定，当然这些问题在实践中也不可能得到完美解决。

第二，现行法律法规没有明确公立高校的法律义务与法律责任。美国分析法学家霍菲尔德曾提出"法律的最低的共同标准"，[1]即关于法律行为的八个基本法律概念：权利、义务、优先权、无权利、权力、责任、豁免、无资格。其中，八个概念的相对关系为：无权利——权利、义务——优先权、无资格——权力、责任——豁免；相关关系为：权利——义务、无权利——优先权、责任——权力、无资格——豁免。根据霍菲尔德的观点，权利与义务密不可分、权力与责任密不可分，二者不能割裂考量。就高校财政自主权而言，在内部法律关系中表现为权

---

〔1〕 吕世伦主编：《现代西方法学流派》（上卷），中国大百科全书出版社 2000 年版，第 182 页。

力，在外部法律关系中表现为权利，与之相对的是义务与责任，但是公立高校在行使财政自主权时应履行的法律义务与不履行义务应当承担的法律责任却几乎没有规定。具体来说，这些义务与责任主要有：举办者（中央或地方政府）对公立高校应当承担的义务与责任；公立高校对社会和国家应承担的义务与责任；公立高校对学生和教职工应当承担的义务与责任；等等，都未能在法律中找到相关规定。

第三，现行法律法规虽然规定了高校师生享有民主参与的权利，但对于如何保障广大师生的知情权、参与权、监督权依然缺乏可操作性的明确规定。2011年教育部虽然规定了《学校教职工代表大会规定》，其中第二章以专章的形式明确了教职工代表大会的职权，甚至还规定了"听取学校年度工作、财务工作"与"讨论通过学校提出的与教职工利益直接相关的福利、校内分配实施方案以及相应的教职工聘任、考核、奖惩办法"，但是教职工代表大会只是停留在提出意见和建议的层面，且提出的意见和建议只能以决议的形式作出，况且该规定第8条仅规定了"学校应当建立健全沟通机制，全面听取教职工代表大会提出的意见和建议，并合理吸收采纳；不能吸收采纳的，应当做出说明"。由于教职工代表大会并非民主选举产生，加之每年一般只召开一次会议且行使权力只能采取集体决议形式，因此教职工代表大会的民主形式尽管对公立高校的财政自主权力起到一定的监督作用，但广大师生如果从个体的视角行使民主监督权明显缺乏明确的法规、规章依据，而公立高校的民主监督更多情况下需要激活广大教职工及学生个体的监督权利。由此来看，公立高校的财务内部监督机制仍然有极大的提升空间。

（二）公立高校财政自主权执行的程序机制有待加强

目前，虽然大多数公立高校都从规章制度上建立了预算编制、预算审议、预算执行及预算监督制度，但总体来看，公立高校财政自主权实施的程序机制依然存在如下问题：

第一，预算编制的民主性与科学性均亟待提升。在预算编制上，按照《预算法》的有关规定，预算应该保证民主性与科学性，而某些高校因为对预算的认识和重视程度不够，认为预算只是财务部门的事务，从而忽略了组织听证会听取教职工意见这一步骤，而直接进入预算编制阶段，这直接影响了财务部门难以全面掌握各院系以及部门的创收资金和向有关上级部门申报的专项经费情况。"下级总是比上级（如高校预算编制人员在编制部门预算时对教育主管部门或财政部门，校内二级部门预算对校内预算）掌握较为真实的信息，而上级主管部门不可能很清楚地掌握这些信息，于是下级部门就可能会在预算编制时有意制造一些预算松弛，以规避预算执行时出现的各种不确定性所带来的风险。"[1]

第二，预算审批程序存在一定瑕疵。预算审批不仅是高校财务部门或高校领导及教育主管机关的专有事务，广大师生也应当有通过各种方式广泛参与，以体现公立高校财政自主权的民主属性。"在落实民主权力方面，我国大学院系普遍建立了教师大会（教师代表大会）、二级教代会制度以及二级工会、学生会等群团组织。"[2]具体到预算权的分配上，预算的编制权和执行权应当由高校行政部门来行使，而预算的审批权和执行监督则要由高校的教职工代表大会和学生代表大会参与或实施。但是，目前公立高校的预算审批普遍忽视了学校代表机关对预算

---

〔1〕 彭培鑫："公办高校预算松弛的形成机理与影响因素分析"，载《黑龙江高教研究》2015 年第 9 期。

〔2〕 苑英科："构建大学学术权力运行与监督机制"，载《江苏高教》2014 年第 1 期。

的参与或实施，如有的高校仅规定，学校预算由财务处提出预算建议方案，经预算委员会讨论通过，再由学校领导班子集体审议通过后，上报主管部门教育厅，由教育厅审核汇总报财政厅，经法定程序审核批复后执行。在审批过程中直接越过了学校代表机关及学生。这种预算审批的正当性存疑。

第三，预算执行缺乏刚性约束，预算"软约束"是公立高校的普遍现象。由于缺乏科学的管理机制，导致预算执行的可变性很强，等到预算资金到位，当预算部门实际预算支出与预算出现差异时，就会出现随意改变预算或者频繁申请增加预算的情况。如此执行预算难免会造成高校预算绩效差，甚至诱发和滋生腐败。

第四，预算监督制度乏善可陈，监督效果不强。在预算监督中，高校的决策层与内部各院系、部门之间并没有形成一套完善的反馈机制，导致预算监督往往流于形式。公立高校是典型的"熟人社会"，内部人际关系错综复杂，利益关系交织，信息交流频繁，内部监督乏力。

第五，公立高校举债缺乏程序机制保障。由于高校是由政府开办的，由中央或地方政府信用作担保，所以银行给高校融资很少担心高校会破产，导致一些公立高校盲目举债扩张。个别公立高校的负责人明确表示不担心到期无法偿还贷款，因为他们相信政府一定会兜底。在公立高校融资实践中，个别高校为了基础设施建设大额举债融资，在贷款到期时又难以偿还，不得不"借新贷还旧贷"，形成恶性循环。据可靠消息证实，"从广西高校现存债务的签订日期结构来看，2013 年前签订的债务在现存债务总额中占比 44.44%，接近一半……2013 年前签订的广西高校债务近年来会陆续到期，这从某种程度上增加了高校负担"。〔1〕无序的举债融资使得高校深陷"拆东墙、补西墙"的恶性循环之中。

（三）公立高校师生对财政自主权的参与度亟待提高

经过深入调查，笔者认为，我国公立高校教师、学生对校内事务参与的不足是导致高校财政自主权出现种种失范现象的重要原因之一。高校师生参与学校事务具有合法性和正当性。德国法认为，高校兼具公法社团与公营造物双重性质。"当大学完成自治权限时，属公法社团，为独立法人；当大学完成国家委托任务时，为不具独立权利能力的营造机关。"〔2〕因此，在涉及高校自治事务时，高校是典型的公法社团组织，"作为公法社团，它体现了'人合'特征，其成员包括教师和学生，并在基础上成立委员会或合议机构，体现了自治团体的民主化特征"。〔3〕教师和学生参与自治事务合理合法。在我国高等教育法制语境下，尽管公立高校没有被明确为公法社团法人，但《高等教育法》第11条明确授予教职工、学生享有民主管理高校的权利，当然应当广泛参与学校事务。因此，不论从何种角度来讲，公立高校的师生都享有参与高校管理的正当权利。

不过，从实践来看，教师和学生不管在高校自主事务层面还是行政管理层面，其参与的方式和机制都亟待提高。当前，我国公立高校实行的是党委领导下的校长负责制，校长在其中发挥着强有力的作用，扮演着行政长官的角色，代表政府教育部门行使权力，即学校的最高行政权力代表。这样一种过度集

〔1〕 谢宝峰、刘金林："高等院校债务风险的成因及其防范对策研究——以广西壮族自治区为例"，载《南宁师范大学学报（哲学社会科学版）》2019年第6期。
〔2〕 董保城：《教育法与学术自由》，月旦出版社股份有限公司1997年版，第148页。
〔3〕 龚钰淋：《行政法视野下的公立高校教师法律地位研究——以法律身份及法律关系为核心》，中国政法大学出版社2013年版，第52页。

中的领导和决策机制，严重影响了学校学术委员会、学位委员会等学术组织发挥学术决策权力。同时，这种相对集权的管理模式也在一定程度上制约了基层组织的自主权，教职工代表大会往往形同虚设，难以发挥其应有职能，无法从实质上监督学校财政自主权等。

此外，公立高校没有设立及时有效的沟通渠道认真听取和积极吸纳学生对高校财务工作的合理化意见。虽然在公立高校内部学生的基数最大，但是人微言轻，学生的意见与建议在没有有效沟通渠道的情况下很难进入高校领导视野。即使有些高校在诸如后勤食堂管理、宿舍管理等工作中召开所谓的座谈会，但这种形式的会议存在诸多问题：一是非制度化，举办时间不固定，随意性大；二是学生参与干部化，学生干部往往遵循校内领导的指示，发言内容形式化，无实质性建议，而普通学生不仅没有表达权利，甚至连座谈会的信息都无法知晓；三是学生意见非排他性，高校往往以继续调研、研究为名不采纳学生建议而径行作出决策。长此以往的演绎导致许多高校教职工与学生丧失主动参与学校内部管理的意识。虽然高校内部普遍设立了教职工代表大学，但是很多时候该机构只是被动表达建议，难以提出有建设性的意见；学生基于被管理者的弱势地位，出于对校领导权力的畏惧，也会不敢表达或者不想表达意见。总之，公立高校广大师生民主参与度有待进一步提高。

（四）公立高校财务信息公开尚不充分

尽管我国对公立高校信息公开有既定法律法规，但实践中公立高校仍然普遍存在信息公开不足的问题，这对财政自主权的非规范化运行创造了条件。"政务公开的一个前提是，公共信息必须为公众服务、为公众所拥有。因为公共信息一旦变成一个部门、一个机关的内部信息，它就是一种垄断信息的行为，就有'寻租'可能。"〔1〕如前文所述，高校同时具备自主管理与行政管理的双重性质，不管从哪个角度来讲，自主管理信息和行政管理信息均要公开。信息公开的法理基础是知情权。目前，有关政府信息公开，国务院制定有专门的《政府信息公开条例》。但是，该条例明确规定它只适用于"行政机关在履行行政管理职能过程中制作或者获取的信息"，显然不包括公立高校的财务分配与使用信息。

但是，《宪法》第2条赋予人民依照法律规定通过各种途径和形式管理经济和文化事务的权利，《宪法》第41条也规定了公民享有对国家工作人员提出批评、申诉、控告的权利，《高等教育法》第11条明确规定高校应当"实行民主管理"。通过上述宪法、法律规定可以看出，公立高校的师生应当享有民主管理学校事务的权利。也有学者基于"利益相关人理论"指出，大学应当被视为资源共同体，由内部和外部利益相关人共同所有，大学信息需要向这些相关人公开。〔2〕

实际上，高校信息公开特别是财务信息公开是优化高校治理机制的重要一环。"高校信息公开有利于厘清政校关系，强化政府法律监督，保障师生和社会公众的知情权和监督权，激发其参与权和表达权，优化大学内部治理结构，降低行政成本，提高学校运行效能，是推动高等教育改革的重要制度。"〔3〕为深入推进大学信息公开，2002年由教育部、中华全国总工会发布《关于全面推进校务公开工作的意见》，开始推动大学信息公开

〔1〕 马怀德："政府管理大学和大学自主管理的法治化思考"，载《国家教育行政学院学报》2007年第11期。

〔2〕 参见郭兆红："治理体系中高校信息公开的阻滞因素及破解——基于利益相关者理论"，载《江苏高教》2017年第9期。

〔3〕 王敬波："现代大学制度与高校信息公开的三维透视"，载《中国高等教育》2015年第24期。

建设工作，此后也发布了一些规范性文件，比如教育部先后于
2010 年和 2012 年颁布《高等学校信息公开办法》《全面推进依
法治校实施纲要》，加强公立高校信息公开建设。在公立高校层
面上，高校也在本校章程、本校信息公开办法等文件中宣示了
校务公开、信息公开，但落实到具体制度时似乎不尽所愿，如
"教育部直属 75 所高校中有多数高校（占比 74.6%）已经在其
门户网站开辟了信息公开专栏，但也有部分高校存在着虚假公
开或根本不公开的状况"。[1]其中，与财政自主权关系最为密切
的预决算文件，大部分高校选择不予公开。以河南省本科高校
为例，截至 2020 年 10 月，河南全省一共有 38 所公立本科高校，
其中有 24 所高校在其官方网站建立了信息公开专区，占全部高
校数量的 63.16%，但仅有 11 所高校至少连续 3 年内对外公开
预决算文件，占全部高校数量的 28.95%。需要指出的是，建立
信息公开专区的高校与对外公开预决算文件的高校并不完全重
合，有 5 所高校的预决算信息是在该校财务部门网站进行公开
的。由此说明，部分高校的信息公开专区没有按照《高等学校
信息公开办法》的相关规定实施全面公开。由此看来，作为高
校财政自主权重要载体的预决算信息的公开率仍然偏低。

公立高校财务信息公开的不全面或者根本不公开是造成高
校腐败的主要原因之一。阳光是最好的防腐剂，加强公立高校
包括财务信息之内的信息公开，不仅能促进公立高校财政自主
权力的规范运行，也能极大提升公立高校服务社会大众的能力
和水平。当然，高校公开也要处理公共利益与个人利益之间的
关系，"高校中很多信息具有公共信息和个人信息的双重性质，

---

〔1〕　牛军明、张德祥："高校信息公开的缘由、现状与策略研究——基于
2016 年度教育部 75 所直属高校的信息公开年度报告"，载《中国高教研究》2018
年第 2 期。

对于这些信息如何公开，公开到什么程度是个值得研究的问题"。[1]

（五）公立高校财政自主权的外部监督制约机制亟待完善

"权力的制约和监督是保障权力良性运转的基础，缺乏监督与制约机制容易导致权力腐败与权力寻租。"[2]目前公立高校内部控制与外部监督体制都存在一些亟待解决的突出矛盾和问题。

长期以来，我国高校的管理制度和内部运行机制决定了高校纪检、监察、审计等高校内部监督部门仅作为高校党政领导下的内设机构，人、财、物均由校内党政领导掌握，高校主要负责人的权力过大，形成事实上的"行政主导"体制，由此导致高校腐败往往呈现"一把手"腐败。[3]高校在行使财政自主权时，其监督权与决策权、执行权难以清晰界分。从当前公立高校的内部监督体制来看，学校的纪检监察部门对高校二级院系及职能部门的监督比较有效，但其在对学校领导进行监督时却面临困境，高校纪检监察部门难以独立行使平行监督权。"从审计监督来看，由于学校的审计部门本身就是学校行政机构，负责人由学校任命，相当于是下级部门审计上级领导，也很难做到客观公正，不能真正约束行政权力。"[4]此外，高校师生对于财政自主权的民主监督也普遍缺乏有效路径。

〔1〕 王敬波："现代大学制度与高校信息公开的三维透视"，载《中国高等教育》2015年第24期。

〔2〕 周伟："论我国地方立法存在的问题及其解决"，载《河南财经政法大学学报》2013年第2期。

〔3〕 中纪委指出，高校"一把手"腐败既有一般腐败的特性，又有教育行业特点，多集中于基建后勤、选人用人、招生考试、科研经费、校办企业等领域。参见张胜军："破解高校一把手监督难"，载《中国纪检监察报》2020年10月19日。

〔4〕 袁敏、张齐："现代大学制度视野下高校预算制度改革"，载《江苏高教》2016年第4期。

　　再看外部监督制度，公立高校的外部监督也同样存在一些弊端。目前，现行法律制度针对公立高校构建的外部监督制度包括同级党委的巡视巡察监督、人大监督、审计监督、（教育行政主管机关的）行政监督等有权机关的监督，同时还辅有社会公众对公立高校的社会监督。虽然有上述多元监督存在，但由于外部监督的滞后性，导致上述监督仍然不能对高校财政自主权形成有效制约。

　　比如，同级党委的巡视巡察一般都是几年一次的临时性组织，况且巡视巡察主要是针对公立高校的领导班子成员，因而同级党委几年一次的巡视巡察工作难以实现对公立高校的所有财务行为实施全方位的监管，一些棘手的财务活动很难进入巡视巡察人员的视野。

　　再如，政府的审计部门受制于"高校是象牙塔""学府是净土"等传统观念的影响，往往疏于严格监督，特别是政府审计部门往往不愿意涉足公立高校的绩效审计问题，再说基于专业界限，政府审计部门实际上也很难清晰界定公立高校的财务绩效问题。

　　基于对公立高校自主办学权利的尊重，高等教育行政主管部门往往也只是负责检查公立高校的办学情况，一般很少过问公立高校的财务问题，更不可能对公立高校的所有财务活动实施全方位监督制约，除非是公立高校的内部师生公开向教育行政主管机关反映强烈的问题，才会引起教育行政主管机关的重视。

　　社会监督单纯依靠公民个体明显单薄，应当主要依靠中介评估机构。但是，我国的高等教育中介评估机构数量偏少，而且权威性不够，难以独立行使社会监督职责。这里有必要明确指出，高等教育中介评鉴机构的有效监督必须辅之以强大的公立高校财务信息公开制度。如果公立高校的财务信息不公开，高等教育评估机构也是"巧妇难为无米之炊"。由此来看，外部监督机制与内部制约机制互相牵制，任何一个制度出现问题，都会导致其他制度"失灵"或运转不畅。

我国公立高校财政自主权的法治保障

第六章

中国共产党十八届四中全会通过的《中共中央关于全面推进依法治国若干重大问题的决定》从"良法""善治"的视角提出了我国将在 2035 年全面建成法治国家、法治政府和法治社会的治国方略。高等教育法治特别是公立高校财政自主权法治保障，也应当从"良法""善治"视角全面解析建设中国特色社会主义公立高校财政自主权的法治保障体系。具体来说，就是如何从立法、执法、守法、司法、法律监督等方面构建完备无缺的公立高校财政自主权法治保障体系。针对公立高校财政自主权法治保障的特点，我们主要选择公立高校财政自主权的立法保障体系、公立高校财政自主权利实现的法治保障体系、公立高校财政自主权力控制的监督制约体系三个方面予以重点剖析。

一、我国公立高校财政自主权的立法保障体系

《宪法》是国家根本法，在中国特色社会主义法律制度体系中具有最高的法律效力。我国公立高校财政自主权的立法保障首先需要寻求宪法依据或宪法渊源。只有在探明公立高校财政自主权的宪法理论基础和实证法来源之后，才能构建比较完善的公立高校财政自主权的法治保障体系。因此，下面首先阐述

公立高校财政自主权的宪法渊源，然后再梳理和构建公立高校财政自主权的立法保障体系。

(一) 高校自主权作为学术自由制度性保障的宪法确认

德国宪法理论认为，高校自治是学术自由的制度性保障，公立高校也是学术自由基本权利的主体。德国宪法理论界一般认为："于法治国原则下，学术自由成为宪法上之基本权利，学术自由及大学自治亦成为制度性保障。学术自由基本权利不仅是大学学术组群之个人主观权利，更可进而认为系一种集体性基本权利，而成为大学之基本权利，此外，该基本权利且具有客观价值秩序保障之功能，课予国家负有促进学术之义务。"[1] 为此，宪法需要在明确公民学术自由权的基础上，进一步明确高校作为学术自由的制度性保障，进而在宪法上明确包括公立高校在内的高校基于学术自由而享有在法律上独立于政府的基本权利，政府不得在缺乏法律依据的前提下干涉公立高校的学术自由权；同时作为基本权利的客观价值秩序，国家负有向公立高校拨付基本运行经费及高校绩效业务经费的义务。

近年来，国内一些宪法学者认为，中国可以借鉴德国关于基本权利保障的相关理论，即基本权利的主观价值、客观价值秩序、制度性保障理论。我国 1982 年《宪法》第 47 条规定，公民有进行科学研究、文学艺术创作和其他文化活动的自由。国家对于从事教育、科学、技术、文学、艺术和其他文化事业的公民的有益于人民的创造性工作，给以鼓励和帮助。显然，宪法对于学术自由已经作出了一些规定。但是，上述规定过于原则，有学者认为："一是我国宪法和法律承认学术自由的一般原则，确认了公民和高等教育机构享有学术自由权；二是宪法

---

〔1〕 湛中乐主编：《大学自治、自律与他律》，北京大学出版社 2006 年版，第 43 页。

和法律对学术自由权的内涵、外延未作明确界定，而其关于学术活动的具体法律限制，更使学术自由权概念飘忽不定。"[1]国内其他学者也表示了同样的看法："我国宪法第 47 条虽可作为学术自由权的宪法依据，但其主要规定了学术自由权的科学研究权，其他规定非常笼统、不具体，给侵权造成很大的空间。鉴于学术自由权的学术价值和社会价值，应该给予学术自由权以明确的宪法地位。"[2]

　　总而言之，笔者认为，宪法对于学术自由权的规定主要存在如下问题：一是宪法应当对于公民、高校及其他学术型机构的学术自由权一体作出明确规定。学术自由权是一项普遍性权利，不是专属于特定职业群体的职业性权利。[3]宪法应当对公民、高等院校及其他学术机构的学术自由权一体作出明确规定。"学术自由权是一种精神自由权，具有非政治性和消极否定性。"[4]作为一项免于国家干涉的自由，明确学术自由权的宪法地位有助于保障公民、高校及其他学术性机构在学术自由遭受公权力非法侵害之后及时救济的路径。二是宪法没有规定公立高校享有公法人地位，也没有规定公立高校自主权是学术自由的制度性保障。三是宪法没有规定国家对公立高校负有维系高校自主财政拨款义务。

　　我国宪法对于公民或高校学术自由权保障的完善可以通过宪法修改或宪法解释两种路径落实。究竟是采取宪法修改还是采取宪法解释应当具体问题具体分析。笔者认为，对于公民、

---

　　〔1〕　谢海定："我国学术自由的法律保障"，载《学术界》2005 年第 2 期。
　　〔2〕　张伟："浅析我国学术自由权的宪法保障"，载《当代教育论坛（综合版）》2010 年第 5 期。
　　〔3〕　谢海定："作为法律权利的学术自由权"，载《中国法学》2005 年第 6 期。
　　〔4〕　周慧、何生根："学术自由的宪法权利属性"，载《江苏警官学院学报》2004 年第 5 期。

高校及其他学术性机构的学术自由权最好选取由全国人大常委会进行宪法解释的方式予以落实，理由是现行宪法规定只是较为笼统与原则，不是从根本上缺乏规定，采取宪法解释方式能够最大限度地减少修宪带来的繁琐程序及宪法频繁修改所带来的社会震动。然而，将公立高校的自主权作为学术自由的制度性保障则需要通过宪法修改方式落实，原因是现行宪法从根本上缺乏上述规定。同理，对于国家负有向公立高校提供公共财政予以资助也可以采取宪法解释方式，因为目前大陆的公立高校主要资金由国家（中央或地方政府）拨付财政资金资助运营。

（二）立法明确公立高校的公法人地位

虽然《高等教育法》规定了高校在民事活动中具有独立法人地位，但是《教育法》第 32 条第 3 款规定："学校及其他教育机构中的国有资产属于国家所有。"根据物权法原理的"一物一权原则"，既然公立高校的国有资产属于国家所有，公立高校自然就不能再成为该资产的另一个所有权主体。由此来看，公立高校对于政府开办者（政府）拨付的财产特别是不动产，是否享有独立的财产主体地位以及是否具有公法人主体资格，依然是一个需要进一步明确和论证的话题。对于这一问题，《高等教育法》有必要作出进一步明确界定。

第一，为了预防政府对公立高校的不当干预，《高等教育法》应当明确公立高校具有独立的公法人地位。虽然我国教育法规定了高校在民事活动中具有独立法人地位，但是民法上的主体地位并不适用于高校与政府、高校与内部各院系部门法律关系的调整与规制，迫切需要在行政法层面明确公立高校的公法人地位。目前我国在立法层面没有对其加以明确界定，只是在司法实践中有一些零星的辨法析理式的突破。比如，在田某诉北京科技大学拒绝颁发毕业证、学位证一案中，[1]审理法院将高校列入行政诉讼的被告，其理由是高校属于行政诉讼法中规定的"法律、法规授权组织"，该案被载入 1999 年第 4 期《最高人民法院公报》，缘于《最高人民法院公报》的权威性和对全国审判实践的指导作用，此后高校作为行政诉讼的被告似乎成为一种并不罕见的现象。[2]但司法中的策略性回应并不能解决公立高校在行政法中面临的所有困境，亟待立法对公立高校的公法人地位进行整体制度安排。实际上，前文已述，国外对高校公法人地位的界定值得我们借鉴。公立高校公法人地位的授予能够有效保障公立高校独立行使财政自主权，免除政府（开办者）的不当干预。在此可以借鉴"自治"这一法律概念。"一般而言，自治包含两种意义。其一为'自主'，意谓自治权之权利主体，就其自治范围内之事项拥有最终自主决定权，而得排除来自外部的干涉、侵害。其二为'自律'，意谓该权利主体必须具有自我管理、克制的意愿与能力……就大学自治而言，不但自主与自律如辅车相依，缺一不可，即连团体自治与住民自治之概念亦有援用之可能与必要。"[3]因此，从法律层面来说，公立高校公法人地位的赋予将为彻底改变公立高校作为政府（开办者）附属地位提供有效制度保障。

第二，要以公立高校的学术自由权、内部机构设置权、财政自主权、充足财物资金投入请求权等实质法人要件为抓手，

---

[1]　本案是最高人民法院第 38 号指导性案例。该案作为我国首例大学生因受高校退学处理产生的教育行政纠纷案件，确认了高校作为法律法规授权组织的行政主体地位，可以成为行政诉讼被告。这对规范教育领域乃至其他法律法规授权的组织的管理活动具有积极作用和现实意义。

[2]　沈岿：《公法变迁与合法性》，法律出版社 2010 年版，第 113~115 页。

[3]　湛中乐主编：《大学自治、自律与他律》，北京大学出版社 2006 年版，第 72~73 页。

把公立高校打造为真正意义上的公法人。国家在"十三五"规划中提出"管评办分离"的高校建设原则，要让公立高校成为真正能够独立自主地行使高等教育公共服务的公法人，应当从学术自由权、内部机构设置权、主要人事使用权、财政自主权（一般经费与专项经费拨付）等方面最大限度地缩减教育行政部门对高校的直接管理，从公法人视角，实现公立高校的法律人格独立、意志独立、财政独立、组织机构设置独立，使公立高校享有实质公法人的条件。

第三，在赋予公立高校公法人地位的同时，应当进一步明确公立高校应当依法吸纳教师代表、学生代表参与学校内部管理监督。作为我国社会主义制度的一个组成部分，公立高校应当实行民主治理制度，教职工通过教职工代表大会参与本单位的民主决策。《高等教育法》第11条明确规定："高等学校应当面向社会，依法自主办学，实行民主管理。"为深入贯彻这一规定，教育部于2012年1月制定了《学校教职工代表大会规定》，其中第7条规定了教职工代表大会的职权。公立高校广泛吸纳教师、学生参与学校管理，并不影响党委领导下的校长负责制。二者职权分工不同，着力点也不一样。党委管方向，校长主要负责公立高校的日常管理，执行高校党委的重大决策和国家的教育方针；而教职工代表大会则是《高等教育法》第43条规定的教职工参与民主管理与监督，维护教职工合法权益的议事机构。

（三）立法明确公立高校财政自主权的保障规则

（1）立法应当明确公立高校有从开办者之处获得足额资产及财政资金资助的权利，立法需要通过全国人大或全国人大常委会以法律形式进一步明确公立高校教育拨款的数额、分配率、使用情况等。现行《教育法》《高等教育法》对国家财政投入、财政拨款、教育经费增长、高校的年经费开支标准和筹措办法等都作了相应规定。[1]但是，从上述规定情况来看，仍然存在如下亟待完善的地方：一是上述规定均是从国家、举办者、各级人民政府的视角规定的投入和财政经费拨付，缺乏从公立高校自身视角规定其享有的财政自主权利。二是虽然《教育法》和《高等教育法》均有教育经费逐年增加的规定，甚至还明确了高校年经费开支标准和筹措办法，但一些地方公立高校仍然存在举办者投资明显不足及财政拨款捉襟见肘的现象，导致一些地方高校举步维艰，立法需要对此作出相应回应。

为了有效保障公立高校的财政自主权，一是应当从公立高校自身视角出发，在立法上明确公立高校享有从开办者获取足额投资及财政资金拨付的权利；二是在立法上明确中央与省、自治区、直辖市对所属公立高校的资产投入和财政资金拨付的义务，细化公立高校的经费开支标准和筹措办法，确保各级各类公立高校有充足的资产及财政资金拨付满足日常财务支出；三是《高等教育法》应当规定国家逐年增加高等教育投入的刚性比例，以保证创新型国家建设和产业升级改造的迫切需求。

---

〔1〕《教育法》第54条第1款规定："国家建立以财政拨款为主、其他多种渠道筹措教育经费为辅的体制，逐步增加对教育的投入，保证国家举办的学校教育经费的稳定来源。"《教育法》第55条规定："国家财政性教育经费支出占国民生产总值的比例应当随着国民经济的发展和财政收入的增长逐步提高。具体比例和实施步骤由国务院规定。全国各级财政支出总额中教育经费所占比例应当随着国民经济的发展逐步提高。"《教育法》第56条第2款规定："各级人民政府教育财政拨款的增长应当高于财政经常性收入的增长，并使按在校学生人数平均的教育费用逐步增长，保证教师工资和学生人均公用经费逐步增长。"《高等教育法》第60条第1款规定："高等教育实行以举办者投入为主、受教育者合理分担培养成本、高等学校多种渠道筹措经费的机制。"第61条规定："国务院教育行政部门会同国务院其他有关部门根据在校学生人年均教育成本，规定高等学校年经费开支标准和筹措的基本原则；省、自治区、直辖市人民政府教育行政部门会同有关部门制订本行政区域内高等学校年经费开支标准和筹措办法，作为举办者和高等学校筹措办学经费的基本依据。"

目前，《教育法》第56条第2款规定：“各级人民政府教育财政拨款的增长应当高于财政经常性收入的增长，并使按在校学生人数平均的教育费用逐步增长，保证教师工资和学生人均公用经费逐步增长。”中央和地方政府应当按照该条文中所提及的“三个增长”加大政府教育拨款的力度，为了便于操作和执行，需要全国人大或全国人大常委会通过法律修改或立法解释对高等教育拨款的数额、分配率、使用情况等作出进一步明确。

（2）立法应当赋予公立高校享有对专项资金的跨年度调整使用权。高校专项资金使用虽然有据可循，但是专项资金专款专用的性质导致其在高校自主使用中颇受限制，资金使用效率不高。在高校出现财政困境后难以使用专项资金进行弥补，高校不得不举债解决财政困境，这是目前高校负债的主要问题之一。随着我国经济发展水平的不断提高，可以适当提高政府一般性财政拨款的额度，适度缩小政府专项资金的拨款数额；同时，也应当赋予高校享有对专项资金在跨年度预算中予以适度调整的权力，以相对弹性的资金使用规则管理高校专项资金的使用。前文已述，公立高校法人化以后，应当引入商业会计准则，以区别于之前使用的政府会计准则。商业会计准则与政府会计准则最大的不同不在于核算方式的不同，而是目的的不同。具体来说，商业会计准则着眼于资金管理与使用效率的提高，能够实时反映企业的财务收支情况，有利于企业的绩效评估；政府会计准则目的在于监管，因而是以单位的实际发生的经济事项为依据进行会计计量。很明显，前者更具灵活性，便于单位统筹安排资金的使用计划，利于管理活动的有效开展。国外也有学者提出类似的观点：“新一波公立大学改革，在面对全球化之趋势，应使大学组织得建构兼具‘学者共和国’‘学术企业体'之双方优点，而形成第三类型的组织结构。"[1]通过立法赋予高校对专项资金的跨年度调整使用权，实际上即是对商业会计准则的贯彻使用。

（3）《高等教育法》应当明确公立高校自行开办与教学科研关联的企业、产业有获得国家财税优惠的权利。《教育法》明确规定，以财政性经费、捐赠资产举办或者参与举办的学校及其他教育机构不得设立为营利性组织；同时《教育法》第59条规定："国家采取优惠措施，鼓励和扶持学校在不影响正常教育教学的前提下开展勤工俭学和社会服务，兴办校办产业。"《高等教育法》第63条规定，国家对高等学校进口图书资料、教学科研设备、校办产业以及其他实行优惠政策。税收优惠举措属于《立法法》规定的法律保留事项，《教育法》《高等教育法》的上述规定，还需要通过税收立法程序予以细化，否则，单纯依凭《教育法》和《高等教育法》尚不足以解决上述法律的具体执行问题。

为了保证公立高校专注于提供高等教育公共服务，2018年发布的《国务院办公厅关于高等学校所属企业体制改革的指导意见》（国办发〔2018〕42号）要求，改革完善高校科技成果转化机制，推动高校所属企业清理规范、提高增效，促使高校聚焦教学科研主业，提升高校治理体系和治理能力现代化。根据上述文件要求，凡是与高校教学科研活动关联度不高的企业，整体划转剥离出高校；反过来，凡是清理保留的校办企业统一交由高校资产经营管理公司，不宜纳入企业管理的各类资产，

---

[1] Andresas Reich, Bayerisches Hochschlgesetz, 4. Aufl. 1999, s. 175; Volker Haug 4. Aufl, 1999, Das Hochschulrecht in Baden-Württemberg, systmatische Darstellung, 2001, Rn. 204, 转引自湛中乐主编：《大学自治、自律与他律》，北京大学出版社2006年版，第43~44页。

一律由高校收回统一管理。今后凡是公立高校保留的校办企业或资产，都是与高校的教学、科研有紧密关联的企业或组织。笔者认为，历经此次改革以后，公立高校的所属企业、产业更应当享有税收优惠待遇，当然具体细化性规则还需要修改完善相关税收法律予以落实。

（4）立法应当明确公立高校享有独立的举债权限。目前《教育法》《高等教育法》规定了国家及省、自治区、直辖市对于公立高校的资产投入及财政拨款义务，但由于受国家财政汲取能力有限、中央与地方财政配置尚需完善及部分省级政府财政捉襟见肘、全球化带来的经济周期波动等影响，一些地方公立高校举办者资产投入及财政拨款明显不足，由此导致个别公立高校的财务支出难以维系日常教学科研活动。以河南财经政法大学为例，由于河南省没有按照当初规划投入相应的开办资金，导致目前该校拖欠外债17亿元之多，偿还巨额利息导致该校日常教学科研活动受到一定影响。

基于多年来国家以及中西部地区省级政府长期对公立高校资产投入及财政资金拨付不足的现状，笔者认为，有必要赋予公立高校适当额度的短期债务举债权，以解决中西部地区公立高校单纯依靠政府投入和财政拨款难以维持正常教学科研活动的紧迫需求。2019年国务院颁布的《政府投资条例》规定，明确政府投资的范围是指在中国境内使用预算安排的资金进行固定资产投资建设活动。2020年国务院颁布了《保障中小企业款项支付条例》，该条例第6条规定："机关、事业单位和大型企业不得要求中小企业接受不合理的付款期限、方式、条件和违约责任等交易条件，不得违约拖欠中小企业的货物、工程、服务款项。"该条例第7条进一步规定了禁止机关、事业单位无预算、超预算采购，要求施工单位垫资建设等。该条例还规定了建立省级投诉受理平台。

该条例的生效时间为 2020 年 9 月 1 日。对于该条例实施之前产生的公立高校财务拖欠如何处理的问题，条例没有给出明确说法。事实上，据笔者了解，仅笔者所在高校的外债已经高达 17 亿元之多。笔者认为，造成上述巨额债务的原因非常复杂，既有长期政府投资不足的原因，也有前几年地方公立高校盲目扩建、改建，高校盲目举债等原因。无论巨额债务产生的原因是什么，我们都必须面对一些公立高校债台高筑的现实，为此有必要从法律上赋予公立高校举借短期债务的权限，以解个别高校的燃眉之急。

（四）立法应当明确公立高校财政自主权的监督制约规则

（1）立法应当明确公立高校预算编制、审议、执行、监督权分离。目前我国公立高校内部的制度框架是"党委领导、校长负责、教授治学、民主管理"。在这样一种框架中存在三种权力：以党委为代表的政治权力，以校长为代表的行政权力，以教授为代表的学术权力。我们需要通过高校章程这一法律规制手段确立三种权力的运行规范，划清三种权力的边界，明确各自的职责范围，同时创设好民主管理机制，健全教职工代表大会等形式的民主管理制度，疏通全体师生员工参与各种民主管理渠道，以形成对公立高校财政自主权的有效监督。具体而言，预算编制需要由校内各部门与院系在广泛听取师生意见、结合实际情况进行编制，通过财务部门上报至校长，由校长和学校党委组织开会讨论后进行审批，再交由高校各部门、院系自己执行，同时通过政府、社会中介机构以及教职工和师生对预算执行进行监督。

（2）立法赋予国家审计机关对公立高校财务活动实施合法性及绩效监督的职权。由于公立高校财政自主权的特殊性，既要防止政府对其实施不当干预，同时也要通过国家审计部门对公立高校行使财政自主权的行为进行必要监督，进而在"干预"与"监督"之间构建一个平衡点。2015 年 12 月中共中央办公厅、国务院办公厅印发的《关于实行审计全覆盖的实施意见》，提出对公共资金、国有资产等实行审计全覆盖。由此来看，公立高校针对不动产与无形财产的处置行为，一般性教育经费与专项经费等财务行为的合法性、合理性等，都将纳入国家审计部门的审计范围。

（3）立法应当明确公立高校违法行使财政自主权承担的责任。有权力则必定有责任，违法必追究。在利用法律法规赋予公立高校财政自主权的同时，也应当明确其违法行使必须承担的法律责任；既要明确公立高校法人应当承担的法律责任，也要明确相关责任人滥用财政自主权必须承担的法律责任。为了扎紧制度的藩篱，既要规定相关责任人违法行使财政自主权应当承担的法律责任，也应当建立健全违规违纪行使财政自主权应当承担的党纪政纪责任。近年来，为了扎紧制度的"笼子"，中央在顶层设计上，制定了《公职人员政务处分法》，修改完善了《中国共产党纪律处分条例》，上述规范制度的制定和落实将为进一步规范调整公立高校财政自主权提供强大的规范制度保障。

二、我国公立高校财政自主权利实现的法治保障机制

公立高校财政自主权利是指公立高校作为一个法律主体可以迫使另外一个法律主体作为或者不作为的能力或资格。它与义务相关联。义务是指一个法律主体应该作为或不作为，以满足其他法律主体利益的行为。构建公立高校财政自主权利的法治保障机制，就是从法律制度上建立完整的有关公立高校财政

自主行为的权利义务关系。在当代中国，有必要从如下几个方面建立健全公立高校财政自主权的法治保障机制。

（一）构建政府与公立高校平等法律地位的制度环境

第一，要抓紧制定高等教育的框架性立法——《高等教育基准法》，或者对现行《高等教育法》进行修订完善，以法律形式构建政府与公立高校之间的平等法律关系。学术自由与高校自主的一个重要内涵就是"自律"，但政府对于高校自主也并非无任何作为。在公立高校公法人化之后，政府的角色定位由过去的直接监管者变为大学之间竞争规则的制定者、客观公正的评鉴者、合法性的监督者、基准条件的设定者、高等教育消费大众的保护者、办学资源的提供者。要把教育行政主管部门从大量的行政管理事务中解脱出来，把工作着力点放在高校基准制定、竞争规则设立、招生录取规则拟定、高校自主行为的合法性监督等事项上来。

在《高等教育基准法》制定或者《高等教育法》修订完善过程中，应当明确无论是公立高校还是私立高校，政府与高校之间的关系均系平等主体之间的法律关系。在高等教育行政管理或服务过程中，二者关系属于行政机关与行政相对人之间的关系。行政机关在从事高等教育管理服务中，应当遵守依法行政、合理行政、比例原则、正当法律程序等行政法基本原则；反过来说，如果公立高校对教育行政主管机关作出的行政处理或决定不服，可以依照《行政复议法》的相关规定，向有关机关提起行政复议，也可以依照《行政诉讼法》的相关规定，向人民法院提起行政诉讼。

第二，按照"管评办分离"的原则全面推进对公立高校的监管改革，减少教育行政机关对公立高校的直接监管职权，在法律上划定国家、举办者及教育主管机关对公立高校监督管理的权力清单。除了上述法定监管事项之外，其余事项皆是公立高校的自主事务，各公立高校享有"法不禁止即自由"的权利，有权结合自身实际在国家基准允许的范围内进行适度的调整。

作为公法人制度改革的一个配套措施，国家应当加强对高等教育的社会监督，为此，国家应当更多选择社会评估的方式对高校的各项工作实施评估鉴定。目前，《教育法》第 25 条规定："国家实行教育督导制度和学校及其他教育机构教育评估制度。"从上述规定可以看出，目前我国实行的是国家评估制度。未来公立高校公法人化改革之后，随着公立高校公法人制度的落地，有必要从立法上对上述条文进行适度修改完善，在《教育法》第 24 条的基础上增加一个条款作为本条的第 2 款，明确"国家可以委托具有独立地位的第三方教育评估机构对高等院校进行多角度的定性与定量评估"。通过立法设立多元化的高等教育评估机构，把原来由教育行政主管机关管理的事务交由具有独立地位的高等教育评估机构实施，最大限度地减少教育行政主管机关对公立高校的直接或间接影响。

第三，明确国家、举办者及教育主管机关对公立高校的监督仅限于合法性监督。赋予公立高校公法人资格并不是说高校免遭国家、举办者及政府主管机关的任何监督。《教育法》第 30 条规定，学校及其他教育机构应当依法接受监督；《高等教育法》第 65 条第 2 款规定："高等学校的财务活动应当依法接受监督。"上述规定都非常明确地指出了公立高校要接受国家的法律监督或者说合法性监督。

从国外高校法人化的实践来看，高校在法人化之后，还需要自觉接受国家的法律监督，即高校的自治权或自主权要自觉接受国家的合法性监督。自治与法治的平衡是国家对公立高校法律规制的决定因素。一方面应当保证国家对公立高校的监督，另一方面也应当维护高校法人的独立地位与自主权，这是公立高校法律制度构建的基本要义。为了配合政府对公立高校的法律监督，有必要在公立高校公法人化改革之后，抓紧完善高等教育国家立法，进一步明确国家与高校各自的权力与义务、权利与义务、职权与责任、义务与责任等。我们相信，上述法律制度的完善将有效保障高校师生的学术自由权，促进公立高校自主权的良好运行。

（二）公立高校闲置土地置换或出售的法治化

由于公立高校土地使用权属于国有划拨性质，根据《土地管理法》《教育法》的相关规定，公立高校无权单方面处置闲置土地。而在公立高校财务活动实践中，金融机构之所以愿意向公立高校出借巨额建设资金或运营资金，很多情况下是基于公立高校自身拥有大量的闲置国有土地使用权。然而，处置公立高校的闲置土地又超出了公立高校的自主权限范围。这时候就需要地方政府出面牵头，由公立高校的举办者、地方政府、高校、商业银行四方协作解决公立高校闲置土地使用权置换或出售的问题。

第一，公立高校处置（置换或出售）闲置土地使用权必须获得土地所属地方人民政府的审批。根据国务院颁布的《城镇国有土地使用权出让和转让暂行条例》第45条规定，转让、出租、抵押划拨土地使用权的，应当依照本条例的规定报经地方人民政府审批，并依法向地方政府交纳或补交土地出让金；第46条规定，对于未经审批擅自转让、出租、抵押划拨土地使用权的单位和个人，没收其非法收入。加之《土地管理法》第55条第2款规定，自本法实施之日起，新增建设用地的土地有偿使用费，30%上缴中央财政，70%留给地方人民政府。公立高校以闲置土地化解高校债务虽然不是新增建设用地，但却属于新增的土地有偿使用费，因此地方公立高校利用闲置土地化解自身债务是否需要上缴中央财政30%，还需要对法律条文进行整体解释。如果单纯从文义解释来看，公立高校的闲置土地如果不是《土地管理法》实施以后的新增建设用地，则不需要向中央财政上缴30%土地出让金。但笔者还是认为，如果从立法宗旨来看，法律规定的重点及落脚点是新增的"建设用地的土地有偿使用费"，公立高校的闲置土地在过去属于划拨土地，没有上交土地出让金，但如果处置用于偿还公立高校债务，显然需要作为出让土地而收取土地出让金，因此仍然属于新增建设用地的土地有偿使用费，应当给中央政府上交30%的土地出让金。更何况，2021年6月，财政部发出通知，决定从2022年1月开始，将土地出让金的征缴由过去的国土资源部门划转税收部门征收。文件虽然强调暂时不改变《土地管理法》确定的中央与地方政府的土地出让金分配比例，但该通知毕竟进一步强化了中央政府对土地出让金收支的管理与使用。因此，总体来看，未来公立高校的闲置土地处置或置换恐怕必须将部分比例上交中央财政，地方政府只能处分有权处分的份额用以偿还地方公立高校债务。反过来，中央直属公立高校处置闲置土地可能会遇到相反的问题，即中央财政只分层30%，地方政府对于新增的土地出让金则享有70%的权益。因此，中央公立高校在利用闲置土地化解学校债务时，如果得不到地方政府的支持，中央财政只能化解其分享的比例。

第二，公立高校以闲置土地化解债务还需要征得举办者的同意。根据《高等教育法》第13条规定，高校属于中央或省、自治区、直辖市两级政府管理。另外，根据《高等教育法》第38条第2款规定："高等学校不得将用于教学和科学研究活动的财产挪作他用。"为此，举办者将国有土地使用权交给公立高校显然是基于其向社会提供高等教育的现实需求。如果公立高校改变这一使用目的，将其作为闲置国有土地进行置换或抵偿债务，还要报请教育部或省、自治区、直辖市政府——举办者的同意。

第三，公立高校闲置土地置换还需要获得教职工代表大会的审议同意。《高等教育法》第11条规定，高校实行民主管理。第43条进一步规定："高等学校通过以教师为主体的教职工代表大会等组织形式，依法保障教职工参与民主管理和监督，维护教职工合法权益。"公立高校的闲置土地大都因前几年的高校合并、建设新校区而形成，同时公立高校的巨额债务往往也是基于新校区建设所致。高校合并升级及新校区建设在迅速满足我国高等教育亟待发展的现实需求的同时，也着实给一些高校带来了沉重的经济包袱，甚至还有一些高校因债台高筑而影响了正常的教学科研工作。但是，有一个不可回避的现实必须重视，即在公立高校闲置的国有土地之上，往往倾注了部分师生的精神情感和寄托，一些师生往往会因为闲置土地出售而存在复杂的社会心理。为了最大限度地减少公立高校自身的阻碍，公立高校闲置土地的置换或出售有必要经过教职工代表大会的表决同意，否则有可能引发不必要的内部争议，进而影响正常的教学科学活动，甚至引发不必要的网络和社会舆情。

（三）公立高校举债权限的法治化

公立高校由政府投资举办，办学经费也主要由政府拨付。由于近年来各公立高校快速扩张、本科教育及研究生规模大幅扩招以及地方政府投入跟不上等原因，导致全国各公立高校特别是地方公立高校普遍运用金融、举债等方式跨越式发展，一些公立高校存在贷款数额巨大且到期不能偿还的现象。为了保证能够偿还到期贷款，一些高校不得不采取"贷新还旧"模式。

"贷新还旧"无异于饮鸩止渴，只会导致公立高校的债务越滚越大。为了化解公立高校的高额债务，财政部、教育部曾经于2010年联合发布《关于减轻地方高校债务负担化解高校债务风险的意见》（财教〔2010〕568号），提出一整套"切实减轻地方高校债务负担，化解财务风险的意见"。但是，要从根本上规范公立高校举债问题，还需要从立法上解决公立高校举债权限科学化、法治化、程序化问题。

公立高校作为公法人，具有公共性和企业性两大特征，根据《教育法》第62条规定："国家鼓励运用金融、信贷手段，支持教育事业的发展。"因此，公立高校在履行公共服务职能中也应享有一定的举债融资权利。但是，为了加强对公立高校举债的管控，应当从如下方面进行规范，以防止公立高校的无效率举债行为。

1. 公立高校举债权限应当适用法律保留原则

第一，全国人大或者全国人大常委会应当制定"公务法人通则"，"通则"中应当明确"禁止公立高校等公务法人发行或者举借一般责任公债，除非经过中央政府或享有一般责任公债举债权的地方政府批准"。[1]公立高校属于代替中央或地方政府履行社会公共服务职能的社会组织，其业务经费的全部或主要部分来自中央或地方政府公共预算拨付，鉴于一般责任公债的最终责任人是中央或地方政府，所以应当禁止公立高校发行或者举借一般责任公债。

第二，"通则"应当授权公立高校等公务法人举借一定限额

---

〔1〕 一般责任公债是指以中央或地方政府的一般性财政收入为偿债来源的公债，政府承担全部偿还责任；收入公债是指以特定的项目收入为偿债来源，政府只承担补充支付责任的公债。参见冉富强：《宪法视野下中央与地方举债权限划分研究》，中国政法大学出版社2014年版，第103页。

的短期公债，但其既须在整个财务年度内清偿，也需要报经其隶属的中央或地方政府批准或者备案。之所以如此规定是基于公法人的日常经费应当由中央或地方政府拨付，且中央或地方政府必须对公法人的债务承担最终担保责任。

第三，"通则"应当授权公立高校等公法人发行以项目收入为偿债来源的"收入公债"；公法人发行收入公债（或者说收益公债）只能用于公益性事业和基础设施建设，而且要符合代际公平原则；公法人发行收入公债应当符合中央公债管理部门确定的中央或地方政府发行收入公债的年度总规划和投资使用方向；公法人发行收入公债还要根据隶属关系报请同级人大或人大常委会审议。在公立高校运行过程中，学生宿舍的建设、游泳馆、学术交流中心等收费体育设施的建设等属于收费项目，如果公立高校缺乏建设资金或改扩建资金，可以考虑发行或举借一定金额的收入公债，并采取专款专用的方式，利用未来收益偿还这部分债务。

第四，为了尽量降低公立高校等公法人的融资成本，最大限度地降低公法人提供公共服务的成本，"通则"还应当明确公法人发行的收益公债应当同国债一样享有税收优惠待遇。由于税收立法事项属于《立法法》第 8 条规定的法律保留事项，也需要借助"通则"制定予以明确。

2. 公立高校等公法人举债的行政管控机制

行政机关对公法人举债的管控机制主要分为如下几个方面，公立高校作为公法人也适用公务法人举债的相关规定。

第一，公立高校作为法人单位应当将每年的年度收支情况、借贷情况、盈余情况、亏损处理等方面按照标准格式制作财务明细上报主管部门，接受上级主管机关的审查监督。

第二，严格管控公立高校公法人的短期举债行为。在法定限额范围内公立高校享有自主向有关金融机构举债的权利，但必须在年度财务内予以偿还；如果短期借款没有在年度内偿还，经主管机关批准可以展期，但展期只能使用 1 次，且必须在 1 年内偿还；如果超出法定的短期举债限额，公法人仍需举债，必须获得主管机关的准许。

为了规范中央直属高校的贷款行为，2004 年教育部与财政部联合发布了《关于进一步加强直属高校资金安全管理的若干意见》（教财〔2004〕38 号）等文件，决定建立直属高校银行贷款的审批制度，对高校贷款额度从严掌握。这个行政规范性文件仅涉及中央直属高校，不涉及地方高校及其他事业单位、社会团体等履行公共服务职能的公法人。目前来看，这个规范性文件层级过低，尚需上升到法律层面进一步强化其强制力和执行力。

第三，公法人收入公债的发行要符合国家公债管理部门确定的国家年度收入公债的总体规模及使用方向；同时隶属于地方政府的公法人发行收入公债也要符合国家公债管理部门所确定的各个地方收入公债发行的年度规模和使用计划；公法人发行特定收入公债还要依据有关法律、法规向同级行政主管部门上报收入公债的具体发行项目计划，并逐级上报国务院国家公债管理部门备案审查。

第四，公立高校的行政主管机关应当加强对公法人以担保、抵押或其他方式向社会提供信用行为的监管。由于这些行为可能会导致公立高校公法人以自己的国有资产承担责任，实质上也是处分财产的行为，为此必须严加控制，防止公法人以变通方式进行融资活动。

第五，国家审计机关应当加强对公立高校公法人的绩效审计监督。"绩效审计是指审计机关在对政府各部门财务收支及其经济活动的真实性、合法性进行审计的基础上，审查其在履行职务时财政资金使用所达到的经济、效率和效果程度，并进行分析、评价和提出改进意见的专项审计行为。"[1]绩效审计不同于以前的财务审计，它具有自己的特征。绩效审计的重点不是财务收支的真实合法性，而是公共投资的经济和实效；绩效审计的审计方法具有综合性，不是传统审计的会计资料审查法；绩效审计不仅具有监督职能，更重要的是查找绩效高低的原因，提出相应建议；绩效审计的标准不仅是法规，还有国家重大宏观调控政策等。[2]公立高校改用商业会计准则以后，为国家审计机关对其实施绩效审计做好财务数据方面的支撑。

此外，可以合理借鉴国外对违法举债官员追究行政与刑事法律责任的经验，构建公立高校负责人违法举债的行政责任或刑事责任，以确保公法人公债控制的实效。在公债法律责任追究方面，加拿大任何官员超出限额举债都要受到开除职位2年以上的处罚；巴西《财政犯罪惩罚法》规定对非法发行债券者追究其行政责任，对遗漏支出或误报收入者追究刑事责任等。[3]中国需要借鉴国外公债法律控制的有益经验，把公立高校举债全面纳入法治轨道。

3. 公立高校公法人举债的预算监督机制

日本《独立行政法人通则》规定，独立行政法人原则上采取企业会计原则为基准。其基本宗旨是为公法人松绑，但其仍

---

〔1〕 王会金、易仁萍："试论政府绩效审计的若干理论问题"，载《审计研究》2007年第1期。

〔2〕 参见王会金、易仁萍："试论政府绩效审计的若干理论问题"，载《审计研究》2007年第1期。

〔3〕 [美] 乔纳森·雷登、冈纲·S.埃斯克兰德、詹妮·李维克：《财政分权与硬预算约束的挑战》，《财政分权与硬预算约束的挑战》翻译组译，中国财政经济出版社2009年版，第200页。

应在国会的预算监督范围之内，只不过其与国会对行政机关财政收支的监督方式不同而已，即将国会的监督由原来的事前监督、收支合法性监督转变为事后监督、绩效监督。但这并不等于国会监督的消减。这种监督机制涉及从行政法人的预算案审议到后续的执行阶段。[1]英国的财政署（也称"执行局"）的预算在财政部授权范围下可以弹性运用，但其必须就其绩效对主管部、国会及公众负责。所以，即便公立高校完成了公法人制度的重构，各级人大及其常委会仍然不能免除对公立高校的预算监督。

我国各级人大对公法人的监督也应集中在事后监督和绩效监督上。从应然的视角来说，公立高校公法人的全部或主要业务经费应当由政府通过公共预算提供，政府应当保证公立高校公法人的日常业务经费以及固定资产建设项目的所需资金，短期贷款也应由政府提供担保。由此推断，公立高校融资举债一般都是基于中央或地方政府日常经费或固定资产建设资金拨付不足所致。由此"通则"应当结合实际情况，明确公立高校公法人举借债务进行固定资产投资的，应当征得主管机关同意后报请同级人大审议，因为政府要为公立高校的债务承担最终偿还责任。

4. 公立高校举债的社会监督机制

公立高校属于履行公共服务的公法人，其整个年度财务报告、资产负债表和绩效考核基准等都应当向社会公众公开，以便接受社会公众监督。日本《独立行政法人通则法》第38条除了规定独立行政法人需要将有关财务明细报表上报主管机关以及向社会公众公开以外，还设立了专门的独立行政法人评价委

---

〔1〕 参见李宁卿、吴志红："行政法人制度检视"，载《人民论坛》2013年第8期。

员会。我国可以借鉴公法人制度中的社会监督机制，将公法人的举债行为纳入社会公众的监督范围之内。

对于公立高校公法人发行收入公债的社会监督，一方面应当构建公立高校公法人发行收益公债的信息披露制度；另一方面应当构建公立高校公法人的信用评级制度。二者结合方能有效保证公法人发行收入公债始终处于社会公众的监督之中，由此才能保证公立高校公债使用的健康有序。

（四）构建社会捐助公立高校的法律激励机制

虽然《教育法》第60条有"国家鼓励境内、境外社会组织和个人捐资助学"的规定，但要将上述内容真正落实还需要财政、税收、荣典等法律激励机制的配套措施与之呼应。

第一，中央或地方立法要从立法上对于向公立高校捐助财物的非公有制企业单位和个人给予一定物质奖励。马怀德教授在2020年6月22日全国人大常委会举行的座谈会上表示，行政奖励制度目前在我国尚缺乏相应的程序规范，各种乱象不断出现。为了从根本上规范行政奖励制度，需要从立法层面进行顶层设计。非公有制企业单位和个人尽管需要履行社会责任，但毕竟向公立高校捐助款项大额资金或财物超出了非公有制企业单位和个人的法定义务。从富勒"义务的道德"和"愿望的道德"分类立法的视角来说，"义务的道德"需要从禁令的视角立法，以保证社会基本秩序的构建；向公立高校捐助则属于富勒所说的"愿望的道德"，需要法律创设激励机制。"在以追求至善为特征的愿望的道德中，惩罚和谴责在义务的道德中所扮演的那种角色应当让位给奖励和表彰。"[1]为此，无论是中央政府还是地方政府都应当从公共财政中拿出一部分给予捐助人相应

〔1〕［美］富勒：《法律的道德性》，郑戈译，商务印书馆2005年版，第37页。

的物质奖励。

第二，中央立法对于向公立高校捐助的非公有制企业单位和个人给予相应的税收优惠。除了考虑动用公共财政给予适当物质奖励之外，中央与地方立法还应当考虑从税收优惠的角度给捐助人以适当激励。这种税法规范属于社会目的的税法规范。"就实质而言，社会目的规范并不属于税法，而归属于经济法、社会法或其他领域。社会目的的税目，例如烟酒税，一般而言，除了社会目的外，也附随地具有财政目的。"[1]鉴于税收属于法律保留事项，为此，向公立高校实施捐助的税收优惠举措只能由全国人大或全国人大常委会立法创设，这样也能保持全国税收优惠的一致性，避免出现税收优惠标准不一致而产生的非正常税源转移。不过，由于地方政府竞争是社会主义市场经济体制的一个有机构成，全国人大或全国人大常委会在制定税收优惠奖励措施时，可以考虑赋予省级政府一定比例的税率调整权，以激发不同地方的非公企业单位及个人的捐资行为。

第三，中央或地方政府应当通过荣典制度立法给捐资人给予适当精神奖励。荣典制度非常重要，在民国时期脆弱的民族国家整合过程中，国家荣典制度曾经发挥过积极作用。"辛亥革命之后碎片化的政治状态，使得荣典制度成为袁世凯政府进行'精英吸纳'以推进国家重建的工具。"[2]2020年11月12日，习近平总书记参观了张謇生平展陈，了解张謇兴办实业救国、发展教育、从事社会公益事业情况。习近平总书记指出要把这里作为爱国主义教育基地，让更多人特别是广大青少年受到教育。

改革开放40多年以来，我国取得了举世瞩目的成就，涌现

---

〔1〕 陈清秀：《税法总论》，法律出版社2019年版，第25页。

〔2〕 章永乐："国体、精英吸纳与荣典制度——以民国袁世凯时代为例"，载《华东政法大学学报》2016年第1期。

出一大批民营企业家，也确乎出现了一些像曹德旺一样的民营企业家自觉地履行社会责任。但总体来看，我国民营企业家自觉履行社会责任的质和量都亟待提高。为了从根本上扭转这种局面，迫切需要从国家荣典制度立法着手，明确积极践行社会公益事业的非公有制企业单位和个人授予相应的荣誉称号。如果国内有一大批非公有制企业单位和个人自觉履行社会责任，踊跃向公立高校捐助财物，将会极大改观当前中央及地方政府向公立高校投入不足的问题，极大提高公立高校的财政自主权。为此，以创新驱动发展为核心要义之一的"十四五"规划才能早日实现。

（五）构建中国特色的公立高校财政自主权利救济制度

当前，公立高校在依法行使各项自主权时仍然容易受到来自相关主管部门的不当干预。未来在公法人制度构建完成以后，特别是各种相应的公立高校公法人的制度环境落地之后，作为对抗中央或地方政府各主管部门不当干预的法律制度，公立高校作为公法人的权利救济制度必须建立健全。具体说，公立高校权利救济制度由如下两个方面组成。

第一，行政复议制度。公立高校公法人化之后，公立高校与各行政主管部门之间的关系将梳理成为行政机关与行政相对人之间的关系，而不是现在的政府与附属性公共机构之间的关系。为此，有关依法行政、行政合理性、比例原则、正当法律程序、信赖保护原则等行政法的基本原则都应当作为约束各个行政主管机关的行为规范和裁判规范。同时，作为行政相对人，公立高校也有权依据《行政复议法》第2条规定向有关机关提起行政复议，寻求行政机关内部的自我纠正和救济。除此之外，公立高校也可以不经过行政复议，直接向有管辖权的人民法院提起行政诉讼，以寻求司法救济。

第二，行政诉讼制度。这是公立高校权利救济的最终途径，也是维护公立高校自主权的最后一道屏障。要把公立高校行政诉讼制度落实好，不是单纯从行政诉讼法的角度赋予公立高校有权向人民法院提起行政诉讼的诉权，而是如何从行政诉讼法实施的视角，真正把公立高校享有的这一诉讼权利落地。在中国传统观念中，政府部门及其工作人员是人民的"父母官"，公立高校属于中央或地方政府的附属性机构，大家都是"吃公家饭"的"一家人"，更何况各行政主管部门手中掌握大量制约公立高校的行政资源，导致现行行政诉讼法也确乎赋予公立高校提起行政诉讼的权利，但事实上几乎没有公立高校愿意将自己的主管机关告上法庭。究其原因依然是各个行政主管机关掌握有大量的制约公立高校正常运转的行政资源，实际上也就是前文所说的公法人制度落实需要构建的"制度环境"，即大幅度降低和厘定各个行政主管部门的正面权力清单，明确载明公立高校正常运行的负面权利清单。只有这样才能真正让公立高校的权利救济制度落到实处。

三、我国公立高校财政自主权力控制的监督制约体系

权力不加以有效监督制约，一定会产生腐败。公立高校财政自主权如果不加以有效监督制约，也一定会产生腐败。建立健全公立高校财政自主权的监督制约机制，需要综合运用多种资源和力量。这些对公立高校财政自主权的多元监督制约制度可以作如下简要分类。从监督制约力量是否来源于公立高校，可以把其分为内部监督制约与外部监督制约，其中外部监督制约机制又可根据是否属于国家有权监督，进一步分为国家外部监督和社会监督两部分。建立健全公立高校财政自主权的监督制约机制，有必要从内部与外部、国家监督与社会监督等方面

予以构建和完善。

（一）加强公立高校财政自主权的内部制约制度

关于公立高校财政自主权的监督，主要分为内部监督与外部监督。目前我国公立高校内部的监督机构还不够完备，依然有许多学校没有设立专门的监督机构，高校的决策、执行和监督容易被少数人掌握，过于集中的权力必然会导致寻租腐败等负面产品的滋生，不利于公立高校财政自主权的行使。所以在高等教育管理体制改革过程中，应该依据分权学说，逐步改变高校内部权力过于集中的现象，使决策权、执行权、监督权掌握在不同人和部门手中，发挥其相互制约和监督的优势，确保高校财政自主权健康、规范的运行。

第一，必须坚持党委领导下的校长负责制。该制度不仅是中国特色社会主义高等教育的基本制度，也是中国特色社会主义高校管理体制的基本特征。党委领导下的校长负责制的核心是党委领导，正确认识、把握和实现党委领导核心的地位与作用是加强和改进党委领导下的校长负责制的首要任务，也是完善高校治理结构的基本要求。高校党委的领导核心集中体现在党委与行政的关系上。在党委和行政关系上，党委一方面要充分行使领导权，领导学校的全局工作；另一方面又要充分调动校长和其他行政领导的积极性、主动性和创造性，大力支持校长独立负责地行使职权。同时，必须理顺党委集体领导和校长个人负责之间的关系，把党委领导和校长负责有机地结合起来，形成高效的管理体制和运行机制，这是完善高校内部治理结构的根本要求。

第二，发挥校长的行政领导作用。在党委领导下的校长负责制中，校长负责是关键，是该项制度的基本要求，也是完善高校治理结构的必然选择。校长作为学校的法定代表人和行政主要负责人，可以全面负责学校的教学、科学研究和其他行政管理工作，并且能够独立负责地行使行政管理职权。校长不仅是党委决策的执行者，更是单位决策的主要成员之一，党委的职责和校长的职权共同体现了高校财政自主权的重要内涵。所以，校长负责制重要的体现即在于对学校党委的负责上，校长对学校党委负责，才能维护党委的核心领导位置，促进党委领导职责与校长职权之间的关系和谐，更好地行使财政自主权。

第三，探索建立高校董事会制度。高校董事会制度是董事会制度的一种，董事会制度首先在企业发展和成熟，建立健全高校董事会制度需要借鉴企业董事会制度的相关成熟经验和研究成果。例如，英国多数学校都设有董事会作为最高管理部门，高校的顶层是一个大的董事会，董事会由地方贵族、政要人物、专业人员以及宗教机构的代表和其他组织的代表组成。董事会的平均人数为 50 人，一般一年开一次会，但是很少有全部董事从各地都赶来参加会议的情形。我国公立高校可以仿效英国在高校内部成立一个董事会，董事会可以包含地方政府代表、专业人士以及有声望的校友等成员，对高校行使财政自主权的行为进行监督。董事会应该享有参与制定高校章程的权力，通过类似于"立法"的行为对高校财政自主权形成约束；在每年开会期间，听取本校校长对本年度财政情况的报告，对高校的财政情况进行评估，也是对校长工作的考核；同时，还应具有审议高校举债的权利，高校在举债之前需要向董事会提交相关文件说明举债的理由、款额以及用途，由董事会审核举债的必要性与合法性，批准必要且合法的举债项目，淘汰非法的举债项目。

第三，完善公立高校预算刚性法律制度。前文已述，公立高校预算制度分为预算编制、预算审议、预算执行和预算监督四种权力。预算编制工作具有很高的技术要求，需要许多部门互相协作才能完成，要完善公立高校预算编制制度，要设立一个专门的工作机构。该工作机构可以是临时性的，在公立高校每学期开学时存在，可以由高校领导、高校教职工以及政府的工作人员共同组成，在完成预算编制之后自行解散。该工作机构的主要职能是对公立高校的预算编制方案进行初步审查，并将预算编制草案报请政府财政部门提出意见。在预算审议阶段，根据预算民主原则，在预算审议中要广泛听取高校内部各方人士和代表的意见和建议。具体来说，可以通过听证会、质询会等方式，广泛吸纳教职工代表、学生代表、校友会代表参与到预算审议中来，鼓励他们提出合理化建议，以保证预算审议过程能够真正听取和吸纳各方面的建议和意见。在预算执行方面，要强化已经通过的公立高校预算决议的刚性法律约束，严格控制预算调整的规模和金额；另外，针对公立高校师生提出的有关高校财务活动的质询案，公立高校领导有义务进行详细的解答，保证预算执行的透明化。在预算监督方面，要认真听取广大师生、社会舆论等方面对公立高校预算执行的监督。

（二）完善公立高校财政自主权的国家监督制度

国家监督指的是国家立法机关、国家审计机关、国家司法机关以国家的名义，根据一定的权限和程序对高校实施的有权监督。2018年《宪法修正案》把"中国共产党领导是中国特色社会主义最本质的特征"写入宪法总纲当中，作为第1条第2款。因此，执政党的巡视巡察工作也属于规范意义上的国家监督制度。

第一，加强全国人大或省级人大对公立高校财政自主权力的预算监督。前面已经阐述，公立高校虽然原则上采用商业会计规则，但是公立高校的财政自主权力仍然要接受同级人大的预算执行监督。我国公立高校分为中央政府所属和省级政府所属，由此作为举办者的中央或地方政府的公共财政拨款是不同隶属关系公立高校的主要运行资金。根据《预算法》第 83 条规定，全国人大及其常委会对中央和地方预算、决算进行监督；《预算法》第 84 条规定，各级人大和县级以上人大常委会有权就预算、决算中的重大事项或者特定问题组织调查；第 85 条规定，各级人大和县级以上人大常委会举行会议时，人大代表或常委会组织人员依照法律规定就预算、决算中的有关问题提出询问或质询；第 88 条规定，各级政府财政部门对本级各部门及其所属单位的预算管理工作进行监督，并向本级政府及上一级政府财政部门报告预算执行情况；第 91 条规定，公民、法人或社会组织有权向有关国家机关举报公共资金违法行为。基于公立高校的隶属关系，全国人大及其常委会、省级人大及其常委会对各公立高校的预算执行情况实施监督。

当前，加强全国人大及其常委会、省级人大及其常委会对公立高校预算执行的监督，重点是聚焦专项资金的专款专用及公立高校违法违规举债等问题。关于这一问题，前文已经明确，中央财政、省级财政对各公立高校所拨付的专项资金应当赋予高校跨年度适度调整的使用权，再者要大幅度压缩专项资金的拨付总量和比例，适度扩大一般经费的拨付比例。对于公立高校举债问题，要赋予公立高校适度举债权，并将其纳入法治化轨道。

第二，完善审计机关对公立高校财政自主权力的审计监督。《预算法》第 89 条第 1 款规定："县级以上政府审计部门依法对预算执行、决算实行审计监督。"基于 2015 年着力推行的"审计全覆盖"，公立高校公共资产与资金也应被纳入国家审计全覆盖的范围之内。其中，既要加强对公立高校的举办者提供的受托资产及拨付的财政资金的合法性监督，也要注重对公立高校受托资产及财政资金使用效益的绩效审计，采取定量分析与定性分析相结合的方式进行综合评价。以定性分析为标准为公立高校划定财政自主权的底线和边界，通过定量分析全面提升公立高校财务行为的效益。

第三，建立健全同级党委对公立高校财政自主权力的巡视巡察工作。2015年发布的《中国共产党巡视工作条例》（以下简称《巡视条例》）。《巡视条例》对党内监督工作的规范化、法治化提供了重要制度保障。其中，《巡视条例》将中央管理的事业单位党委（党组）领导班子及其成员、省级管理的事业单位党委（党组）领导班子及其成员，都纳入巡视巡察范围。笔者认为，鉴于公立高校财政自主权力的行使中，高校党委（党组）领导班子及其成员享有很大的话语权，为此，党委巡视巡察制度也是国家监督高校财政自主权的一项重要举措之一。对公立高校财政自主权的巡视巡察重点如下：校办企业的财务活动、基础设施建设、重大机器设备的招投标、科研经费的合理使用、专项资金的使用等合法性与合理性。

第四，加强国家有关机关对公立高校财政自主权力违法滥用的法律责任追究。司法是社会公正的最后一道防线，所有滥用公权力的人都应当受到相应的法律责任追究，公立高校的财务滥权及失职渎职行为也应当受到国家有关机关的法律责任追究。十八大以来，中央反腐败的决心空前，其中最为重要的组织制度保障就是宪法框架下的监察制度改革，将所有行使公权力的公职人员全部纳入监察监督的范围。监察制度改革赋予监察机关与党的纪委合署办公的权能，《监察法》赋予各级监察委员会享有调查、监督及处置三项职权。如果被调查人的行为涉嫌犯罪，监察机关要依据《监察法》及《刑事诉讼法》的相关规定，将案件交由人民检察院依法审查起诉，并最终由人民法院裁判是否追究相关人员的刑事责任；如果被调查人的行为不涉嫌犯罪但涉嫌违法，监察机关有权依据《公职人员政务处分法》的相关规定，追究被调查人的行政法律责任。

（三）构建以绩效评估为核心要义的多元社会监督制度

1. 构建多元化与社会化的高等教育绩效评估机构

英国曾经在 1919 年设立了"大学拨款委员会"（University Grants Committee，UGC）。在大半个世纪的时间里，大学拨款委员会一直紧紧跟随社会发展的脉动，经历了从大学自治的拥护者到大学与政府间"缓冲器"的演变。在设立之初，大学拨款委员会坚持保证经济上的独立是大学自治的基础，进而鼓励各大学扩大捐赠收入，拓展资金来源，把政府的资助作为自己收入的一小部分。随后，在 1946 年出台的《巴洛报告》中明确指出大学拨款委员会需要转变角色，并赋予其新的使命：协助政府制定、执行满足国家需要的大学发展计划，随着政府拨款的不断增加以及对大学经费使用限制的加强，大学拨款委员会在政府与大学之间开始发挥缓冲器的作用。虽然大学拨款委员会在 1988 年被大学基金委员会取代，但不可否认的是它在英国大学争取自主权的历史进程中发挥了很强的推动作用。

在日本也存在着类似的高等教育中介评鉴制度。日本将大学定义为独立行政法人，其本质也是为社会提供公共服务。为了保障行政法人的公共属性，日本设立评鉴委员会，评鉴项目主要包括行政法人的营运计划、性质以及财务结构的健全程度等。通过绩效监督与评鉴机制的设计，兼顾行政法人的企业性与公共性。日本多元化、社会化的高等教育评鉴机构对于公立高校财务制度的规范健康运行起到了有效的社会监督作用。除此之外，多元化社会化的高等教育评估机构也理顺和打通了公立高校与中央或地方政府有关高等教育咨询信息的通畅，为中央政府或地方政府及时制定或调整公共财政投入提供了必要的资讯保障。

　　国外公立高校公法人化的实践经验告诉我们：高等教育中介评鉴机构的存在不仅有助于调和政府与高校之间的关系，也有利于监督高校财政自主权的行使效益，我国也可以成立类似的高等教育评鉴机构。目前我国的高等教育评估主要是由教育部等官方机构推动实施。为了保证评估机构的独立性和权威性，教育部及省级教育行政主管机关可以激励社会机构组建高等教育评估中介机构，然后按照政府购买公共服务的方式随机选取其中的一个评估机构，对隶属中央或地方政府的公立高校进行专项绩效评估。高等教育中介评估机构的特点是"中立性"，要警惕其成为个别公立高校的"传声器"，努力使评估机构成为政府与公立高校之间传递理性资讯的"传输带"，引导公立高校自觉参与国内外高等教育市场竞争。

　　2. 构建多元化的社会公众监督制度

　　我国是社会主义国家，宪法明确赋予人民通过各种渠道行使当家作主的权利。其中，《宪法》第 41 条规定，中华人民共和国公民对于任何国家工作人员，有提出批评和建议的权利，有就国家工作人员违法失职行为向有权机关提出申诉、控告或者检举的权利。依照《刑法》第 93 条之规定，公立高校中行使财政自主权力的工作人员应当属于国家工作人员的范畴。为此，任何公民对于公立高校财政自主权力的违法失职行为，都有权向国家有权机关提出申诉、控告或者检举。基于公民的上述申诉、控告或者检举行为，国家有关机关便可以掌握相关线索和材料，进而启动相应的监督、调查、立案程序。由此形成国家监督与社会监督之间的互动与合力，并最终将公立高校财政自主权力全面纳入法治轨道。

结　论 Conclusion

　　目前，我国公立高校属于私法人，法律尚未明确其公法人地位。目前，国内通说认为，公立高校属于法律法规授权的行政组织，属于"事业单位法人"。不管是在大陆法系国家还是英美法系国家，公立高校普遍具有公法人身份。公法人身份决定了公立高校要受公法约束。由于各国政治体制、经济体制、文化传统、社会制度存在很大差异，因此虽然域外公立高校普遍具有公法人地位，但各国公立高校的公法人样态又有差异，同一国家的公立高校也会出现不同的法人形态。公法人化改革以后，国家的管理也由过去的高权管制转向市场化契约管理，第三方绩效评估成为财政拨款的基本依据；政府监管改为合法性监督，国家只对委托事项进行合理性监督；公法人改革之后，公立高校的内部治理机制发生了相应变迁，民主化程度得以提升。

　　我国公立高校被《民法典》《高等教育法》确立为独立法人。但我国公立高校又是隶属于政府的"事业单位法人""准政府机构"以及法律法规授权的行使一定公权力的行政主体。未来公立高校公法人地位的明确并不表明其完全脱离"私法人"身份。公立高校公法人改革的重大意义在于：公立高校的法人格更加独立完整；公立高校与政府之间的法律关系平等化；公立高校自主权仅接受政府的合法性监督；财务行为改为受商业会计规则调整。

公立高校的财政自主权具有权力和权利两种性质。公立高校财政自主权对外行使时具有权利属性；内部资产的分配和使用表现为权力属性。公立高校财政自主权具有如下特征：一是受合目的性、合契约性限制；二是合法性限制；三是符合效益原则；四是内容具有复合性；五是主体也具有复合性。公立高校财政自主权利包括资产拨付请求权、收费权、捐助受领权、举债权、投资权等。公立高校财政自主权力主要包括预算权和资产分配权、使用权，其中预算权又分为预算编制权、预算审议权、预算执行权、预算监督权，资产分配权、使用权又进一步分为动产（含资金）分配使用权、不动产分配使用权。

当下我国公立高校财政自主权利主要存在如下问题：一是"一般性财政拨款"不足；二是专项资金的拨付与管理混乱；三是科研成果转化限制过度；四是公立高校举债自主权不明。当下公立高校财政自主权力存在的主要问题：一是高校预决算体制不健全；二是科研经费使用缺乏有效制约；三是公立高校国有资产流失严重。造成我国公立高校财政自主权缺乏有效规范运行的主要原因如下：一是法律制度供给缺位；二是财政活动执行程序机制混乱；三是师生对财政自主权的参与度不高；四是财务信息公开尚不充分；五是外部监督制约机制亟待完善。

建立健全我国公立高校财政自主权的立法保障体系应当着力做好如下工作：一是在宪法层面明确高校自主权是学术自由的制度性保障；二是立法明确公立高校的公法人地位；三是立法明确公立高校财政自主权的保障制度；四是立法明确公立高校享有独立举债权限；五是立法明确公立高校财政自主权的监督制约机制。完善我国公立高校财政自主权利实现的法治保障机制，应当重点做好如下工作：一是构建政府与公立高校平等法律地位的外部制度环境；二是推动公立高校闲置土地置换或出售的法治化；三是构建公立高校举债权限法治化路径；四是构建社会捐助高校的法律激励机制；五是构建公立高校财政自主权利救济制度。完善我国公立高校财政自主权力控制的监督制约体系，应当着力做好如下工作：一是加强公立高校财政自主权的内部制约制度；二是完善公立高校财政自主权的国家监督制度；三是构建以绩效评估为核心要义的多元社会监督制度，构建多元化的社会公众监督制度。

参考文献 References

一、国内著作

1. 袁文峰：《我国公立高校办学自主权与国家监督》，中国政法大学出版社 2014 年版。

2. 刘宇文：《高校办学自主权研究》，湖南人民出版社 2014 年版。

3. 申素平：《高等学校的公法人地位研究》，北京师范大学出版社 2010 年版。

4. 葛克昌：《国家学与国家法》，月旦出版社股份有限公司 1997 年版。

5. 金观涛：《探索现代社会的起源》，社会科学文献出版社 2010 年版。

6. 葛克昌：《税法基本问题（财政宪法篇）》，北京大学出版社 2004 年版。

7. 吕世伦主编：《西方现代法学流派》（上卷），中国大百科全书出版社 2000 年版。

8. 童建挺：《德国联邦制的演变（1949—2009）》，中央编译出版社 2010 年版。

9. 魏光奇：《有法与无法——清代的州县制度及其运作》，商务印书馆 2010 年版。

10. 冯兴元：《地方政府竞争》，译林出版社 2010 年版。

11. 王世涛：《财政宪法学研究》，法律出版社 2012 年版。

12. 和震：《美国大学自治制度的形成与发展》，北京师范大学出版社 2008 年版。

13. 王名扬：《英国行政法》，中国政法大学出版社 1987 年版。

14. 北京大学教育法研究中心、北京大学宪法与行政法研究中心、北京大学法学院主编:《通过大学章程的治理》，中国法制出版社 2011 年版。

15. 陈洪捷:《德国古典大学观及其对中国的影响》，北京大学出版社 2015 年版。

16. 欧阳光华:《董事、校长与教授:美国大学治理结构研究》，高等教育出版社 2011 年版。

17. 陈金钊、熊明辉:《法律逻辑学》，中国人民大学出版社 2015 年版。

18. 王名扬:《法国行政法》，北京大学出版社 2016 年版。

19. 张献勇:《预算权研究》，中国民主法制出版社 2008 年版。

20. 《中国共产党第十九届中央委员会第五次全体会议公报》，人民出版社 2020 年版。

21. 《中共中央关于制定国民经济和社会发展第十四个五年规划和二〇三五年远景目标的建议》，人民出版社 2020 年版。

22. 曾羽:《中国高等教育制度变迁及创新研究》，复旦大学出版社 2015 年版。

23. 郭海:《大学内部财政分化》，北京大学出版社 2007 年版。

24. 中华人民共和国教育部、中华人民共和国科学技术部编:《中国普通高校创新能力监测报告》，科学技术文献出版社 2016 年版。

25. 李文江:《公立高校贷款制度研究》，经济科学出版社 2008 年版。

26. 董保城:《教育法与学术自由》，月旦出版社股份有限公司 1997 年版。

27. 湛中乐主编:《大学自治、自律与他律》，北京大学出版社 2006 年版，第 43 页。

28. 龚钰淋:《行政法视野下的公立高校教师法律地位研究——以法律身份及法律关系为核心》，中国政法大学出版社 2013 年版。

29. 冉富强:《宪法视野下中央与地方举债权限划分研究》，中国政法大学出版社 2014 年版。

30. 陈清秀:《税法总论》，法律出版社 2019 年版。

二、国外译著

1. [美] 约瑟夫·熊彼特:《资本主义、社会主义与民主》，吴良健译，商务印书馆 1999 年版。

2. [美] 弗朗西斯·福山:《政治秩序与政治衰败:从工业革命到民主全

球化》，毛俊杰译，广西师范大学出版社 2015 年版。

3. ［英］弗里德里希·冯·哈耶克：《法律、立法与自由》，邓正来等译，中国大百科全书出版社 2000 年版。

4. ［美］华莱士·E. 奥茨：《财政联邦主义》，陆符嘉译，译林出版社 2012 年版。

5. ［德］哈贝马斯：《在事实与规范之间：关于法律和民主法治国的商谈理论》，童世骏译，生活·读书·新知三联书店 2003 年版。

6. ［英］哈特：《法律的概念》，张文显等译，中国大百科全书出版社 1996 年版。

7. ［美］D. B. 约翰斯通：《高等教育财政：问题与出路》，沈红、李红桃译，人民教育出版社 2006 年版。

8. ［英］阿什比：《科技发达时代的大学教育》，滕大春、滕大生译，人民教育出版社 1997 年版。

9. ［英］霍布斯：《利维坦》，黎思复、黎廷弼译，商务印书馆 1985 年版。

10. ［德］马克斯·韦伯：《经济与社会》（上卷），林荣远译，商务印书馆 1997 年版。

11. ［美］乔纳森·雷登、冈纲·S. 埃斯克兰德、詹妮·李维克：《财政分权与硬预算约束的挑战》，《财政分析与硬预算约束的挑战》翻译组译，中国财政经济出版社 2009 年版。

12. ［美］富勒：《法律的道德性》，郑戈译，商务印书馆 2005 年版。

13. ［奥］汉斯·凯尔森著，［德］马蒂亚斯·耶施泰特编：《纯粹法学说》，雷磊译，法律出版社 2021 年版。

三、期刊论文

1. 申素平、周航、左磊："'公立高校举办者'概念的规范分析"，载《高等教育研究》2020 年第 5 期。

2. 金自宁："大学自主权：国家行政还是社团自治"，载《清华法学》2007 年第 2 期。

3. 李昕："论公立大学法人治理目标与功能的变迁"，载劳凯声主编：《中国教育法制评论》（第 9 辑），教育科学出版社 2011 年版。

4. 博建国、王素一："日本、我国台湾公立高校法人化改革比较：进程、结果与启示"，载《国家教育行政学院学报》2014 年第 3 期。

5. 林正范、吴越文："论高校办学自主权的含义、依据与范畴"，载《上海高教研究》1994 年第 2 期。

6. 劳凯声："公益性视野下的公办学校定位问题"，载《首都师范大学学报（社会科学）》2016 年第 6 期。

7. 湛中乐、黄宇骁："高校办学自主法解释论"，载《华东政法大学学报》2020 年第 3 期。

8. 陈其荣："科学主义：合理性与局限性及其超越"，载《山东社会科学》2005 年第 1 期。

9. 王克稳："论市场主体的基本经济权利及其行政法安排"，载《中国法学》2001 年第 3 期。

10. 邓肄："现行宪法修正案的隐性主题"，载《理论导刊》2014 年第 8 期。

11. 车亮亮："论公民自雇权益的法律保障"，载《太平洋学报》2011 年第 7 期。

12. 徐键："分权改革背景下的地方财政自主权"，载《法学研究》2012 年第 3 期。

13. 徐键："强制性支出责任与地方财政自主权"，载《北方法学》2011 年 2 期。

14. 刘勇政、冯海波："中国的财政分权与政府信任"，载《政治学研究》2015 年第 1 期。

15. 刘剑文："地方财源制度建设的财税法审思"，载《法学评论》2014 年第 2 期。

16. 田巧芝、裴秋玉："试论我国纳税人公益诉讼的必要性"，载《商业文化（学术版）》2010 年第 7 期。

17. 宣晓伟："美国的中央与地方关系：司法调节体系的方式和原则——'现代化转型视角下的中央与地方关系研究'之十"，载《中国发展观察》2015 年第 5 期。

18. 宣晓伟："美国的中央与地方关系：制度安排的优点和缺点——'现代化转型视角下的中央与地方关系研究'之十一"，载《中国发展观察》2015 年第 6 期。

19. 宣晓伟："对西方国家中央与地方关系的认识和评价——'现代化转型视角下的中央与地方关系研究'之十四"，载《中国发展观察》2015年第9期。

20. 刘旺洪："国家与社会：法哲学分析范式的批判与重建"，载《法学研究》2002年第6期。

21. 杨志勇："重新认识中央和地方财政关系"，载《地方财政研究》2017年第10期。

22. 宣晓伟："传统中国的中央与地方关系：中央集权制背后的观念系统——'现代化转型视角下的中央与地方关系研究'之十五"，载《中国发展报告》2015年第10期。

23. 宣晓伟："传统中国'中央集权制'的认识和评价——'现代化转型视角下的中央与地方关系研究'之十三"，载《中国发展观察》2016年第6期。

24. 宣晓伟："建国以来'中央集权制'的制度变迁——'现代化转型视角下的中央与地方关系研究'之二十六"，载《中国发展报告》2016年第9期。

25. 苗连营："税收法定视域中的地方税收立法权"，载《中国法学》2016年第4期。

26. 唐丰鹤："哈特法律实证主义的三大命题"，载《理论月刊》2013年第8期。

27. 吕华、罗文剑："参与式预算：财政民主的可行性与限度分析"，载《江西社会科学》2016年第7期。

28. 胡伟："财政民主之权利构造三题"，载《现代法学》2014年第4期。

29. 张千帆："中央与地方关系法治化的制度基础"，载《江海学刊》2012年第2期。

30. 王理万："行政诉讼与中央地方关系法治化"，载《法制与社会发展》2015年第1期。

31. 郭殊："论中央与地方关系中的司法调节功能——以美国联邦司法判例为线索"，载《法商研究》2008年第3期。

32. 谭波："论完善中央与地方权限争议立法解决机制"，载《法学论坛》

2009 年第 5 期。

33. 孙波："以利益为视角探索中央与地方关系法治化"，载《社会科学战线》2016 年第 9 期。

34. 张胜军："政府教育责任的有限性及其边界"，载《教育学术月刊》2012 年第 8 期。

35. 王处辉、彭荣础："我国现行高等教育成本分担政策评议"，载《高等教育研究》2007 年第 1 期。

36. 陈其林、韩晓婷："准公共产品的性质、定义、分类依据及其类别"，载《经济学家》2010 年第 7 期。

37. 苏林琴："公共性：高等教育的基本属性"，载《现代教育科学》2009 年第 2 期。

38. 王涛涛："英国高等教育政府经费资助政策研究"，载《世界教育信息》2017 年第 6 期。

39. 孙阳春、尹晓丽："美国两级政府高等教育经费投入演变分析"，载《教育与经济》2012 年第 3 期。

40. 黄约："发达国家高等教育投入机制的比较与借鉴"，载《湖北社会科学》2009 年第 4 期。

41. 秦惠民、杨程："地方政府对高等教育投入努力程度的实证研究"，载《国家教育行政学院学报》2013 年第 7 期。

42. 郭化林、谢姝莹："地方政府政治周期与高等教育财政投入支持强度指数——基于 2001—2015 年 3 个'五年计划'的省际面板数据"，载《中国高教研究》2017 年第 9 期。

43. 季俊杰："论普及化初期高等教育投入结构的优化方向与对策"，载《教育学术月刊》2020 年第 8 期。

44. 申素平："试析英美高等学校的法律地位"，载《比较教育研究》2002 年第 5 期。

45. 姚荣："迈向法权治理：德国公立高校法律地位的演进逻辑与启示"，载《高等教育研究》2016 年第 4 期。

46. 湛中乐："再论我国公立高等学校之法律地位"，载劳凯声主编：《中国教育法制评论》（第 7 辑），教育科学出版社 2009 年版。

47. 秦奥蕾："《德国基本法》上的公法人基本权利主体地位"，载《郑州大学学报（哲学社会科学版）》2012年第6期。

48. 施雨丹："论美、德、日三国公立大学的法律地位"，载《外国教育研究》2007年第1期。

49. 易鹏等："台湾公立大学法人化制度的变迁逻辑"，载《高教探索》2016年第3期。

50. 周慧蕾："试析台湾地区公立大学组织改造的趋势及启示"，载《台湾研究》2013年第2期。

51. 曹俊："我国公立大学法人地位的困境溯源与定位分析"，载《扬州大学学报（高教研究版）》2013年第4期。

52. 刘泽军、项进、尹好鹏："西方国家高等学校法律地位若干模式述评"，载《北方工业大学学报》2006年第4期。

53. 姚荣："从程序性管制走向监管型治理：法德两国公立高校与政府关系变革的法律透视"，载《复旦教育论坛》2018年第6期。

54. 马陆亭："高等学校自主办学的推进策略"，载《国家教育行政学院学报》2008年第1期。

55. 李欣倩："事业单位国家所有权之重构"，载《长春理工大学学报（社会科学版）》2016年第3期。

56. 许金龙、徐晓娜："美国高校董事会的职能及启示"，载《沈阳师范大学学报（社会科学版）》2008年第3期。

57. 姚荣："德国公立高等学校法律地位演进的机制、风险与启示"，载《国家教育行政学院学报》2015年第12期。

58. 韩春晖、常森、卢霞飞："大学章程：我国大学治理模式变革的呼唤"，载《中国高等教育》2011年第9期。

59. 湛中乐、苏宇："论大学法人的法律性质"，载《国家教育行政学院学报》2011年第9期。

60. 任中秀："'事业单位法人'概念存废论"，载《法学杂志》2011年第7期。

61. 袁文峰："高校办学自主权授权说质疑"，载《惠州学院学报（社会科学版）》2013年第2期。

62. 王春梅："弃私入公：我国公立大学组织形态的变革之道"，载《学术交流》2014 年第 7 期。

63. 马怀德："公务法人问题研究"，载《中国法学》2000 年第 4 期。

64. 阎峻、许晓东："高等教育治理与第三部门组织——中国高等教育治理中第三部门组织的完善和发展"，载《高教探索》2015 年第 12 期。

65. 罗爽："论建立第三部门视野下的高等学校法人制度"，载《教育学报》2014 年第 6 期。

66. 常秀鹏："论高等学校的公法人定位"，载《学习与探索》2008 年第 6 期。

67. 韩春晖、卢霞飞："大学章程：我国大学治理模式的变革之道——以公立大学的公法人化为导向"，载《上海政法学院学报（法治论丛）》2011 年第 6 期。

68. 陈秋明："学术法人制度：大学自治的法律保障"，载《甘肃政法学院学报》2011 年第 4 期。

69. 罗爽："论高等学校法人制度的根本性质及其意义"，载《高等教育研究》2014 年第 3 期。

70. 申素平："谈政府与高校的法律监督和行政指导关系"，载《中国高等教育》2003 年第 8 期。

71. 卢威："论建立公私统一的高等学校法人制度"，载《复旦教育论坛》2017 年第 3 期。

72. 龚怡祖、张进香："高校自主权的法学探源与公私职能界分"，载《现代大学教育》2007 年第 3 期。

73. 湛中乐、尹婷："论大学自治——兼析《高等教育法》中的‘自主办学’"，载《陕西师范大学学报（哲学社会科学版）》2018 年第 1 期。

74. 那艳华："制度性保障宪法理论的流变及现代价值"，载《北方法学》2016 年第 2 期。

75. 刘练军："自然资源国家所有的制度性保障功能"，载《中国法学》2016 年第 6 期。

76. 程乃胜："论对公民基本权利的制度性保障——从卡尔·施米特的‘制度性保障’理论谈起"，载《社会科学家》2015 年第 1 期。

77. 牛凤蕊、张紫薇："改革开放以来我国高校办学自主权的历史嬗变与制度逻辑"，载《黑龙江高教研究》2020 年第 4 期。

78. 王德志："论我国学术自由的宪法基础"，载《中国法学》2012 年第 5 期。

79. 于洋："高校自主权研究评述"，载《教育学术月刊》2015 年第 7 期。

80. 宋中英、郭云云："高校办学自主权的内涵及其实践意蕴"，载《高教探索》2016 年第 7 期。

81. 周江林："我国政府与高校契约型关系构想及可行性研究"，载《高校教育管理》2014 年第 1 期。

82. 高耀明："绩效评价制度与大学教学发展——每个南卡罗来纳州公立高校绩效资助制度及其启示"，载《江苏高教》2017 年第 10 期。

83. 龚怡祖："高校法人滥权问题的制度回应方向"，载《公共管理学报》2008 年第 1 期。

84. 张英："大学法人财产权制度的反思与展望"，载《经济法论坛》2019 年第 2 期。

85. 冉富强："公立高校财政自主权的法治保障"，载《法学杂志》2020 年第 8 期。

86. 何慧星、孙松："现代大学治理下高校落实办学自主权的问题、难点与对策"，载《国家教育行政学院学报》2014 年第 12 期。

87. 刘向兵、周蜜："我国公立高校内部经费配置中院校关系模式变革的案例研究"，载《中国高教研究》2017 年第 1 期。

88. 徐美娜："高等教育成本分担理论中国化研究"，载《山西财经大学学报（高等教育版）》2010 年第 2 期。

89. 王小兵："收与放的权衡：高校收费政府规制的几点思考"，载《湖南社会科学》2013 年第 2 期。

90. 周胜等："发达国家高等教育经费来源的结构特征与启示"，载《乌鲁木齐职业大学学报》2013 年第 3 期。

91. 孙羽迪："美国高等教育经费来源及启示"，载《现代教育管理》2009 年第 7 期。

92. 袁敏、张齐："现代大学制度视野下高校预算制度改革"，载《江苏高教》2016 年第 4 期。

93. 王明吉："我国高校预算管理现状及对策建议"，载《会计之友》2012 年第 32 期。

94. 鲍家志："公立高校财产权的立法构造"，载《学术探索》2017 年第 2 期。

95. 刘业进、刘晓茜："简政放权、负面清单管理与落实高校办学自主权改革的制度分析"，载《湖南师范大学教育科学学报》2016 年第 4 期。

96. 孙卫华、许庆豫："差异与比较：我国高校办学自主权的思考——兼析地方高校办学自主权现状"，载《浙江社会科学》2017 年第 4 期。

97. 付剑茹、部雅玲："地方高等教育投入的实证研究——基于财政拨款的分析"，载《教育学术月刊》2011 年第 8 期。

98. 蔡文伯、黄晋生："我国省际间高等教育投入差距的实证分析——基于省级面板数据"，载《教育与经济》2016 年第 4 期。

99. 郑庄："高校修购专项经费管理存在的问题及对策探讨"，载《教育财会研究》2011 年第 3 期。

100. 徐红丽："高校专项经费管理存在的问题与对策"，载《行政事业资产与财务》2014 年第 18 期。

101. 谢龙、吴孝春："大学财产使用管理 存在的问题及对策研究"，载《国有资产管理》2020 年第 3 期。

102. 吴顺恩："如何破解高校科技成果转化的瓶颈"，载《中国高校科技》2015 年第 5 期。

103. 周海涛、郑淑超："高校科研体制七十年变革的历程和趋向"，载《高等教育研究》2019 年第 9 期。

104. 吴琦、朱彤："基于五权分享的科研成果转化创新模式研究"，载《南方经济》2019 年第 5 期。

105. 李鹏虎："知识生产模式转型与高校科研评价改革"，载《江苏高教》2020 年第 10 期。

106. 金花："高校科研成果转化的实现机制构建"，载《中国高校科技》2019 年第 12 期。

107. 赵善庆："公立高校预算管理问题与对策"，载《财会通讯》2015 年第 10 期。

108. 贾杰："高校构建财政预算'编制、执行、监督'三位一体管理框架探讨"，载《科教文汇（中旬刊）》2008 年第 12 期。

109. 万丽华、龚培河："高校科研经费腐败的形式、根源与对策研究"，载《科学管理研究》2014 年第 5 期。

110. 付晔、孙巧萍："科研经费使用行为的关键影响因素分析"，载《科学学研究》2017 年第 5 期。

111. 胡服、杨春丽："资产管理乱象及治理对策探析——以 A 高校为例"，载《经济师》2015 年第 5 期。

112. 彭培鑫："公办高校预算松弛的形成机理与影响因素分析"，载《黑龙江高教研究》2015 年第 9 期。

113. 苑英科："构建大学学术权力运行与监督机制"，载《江苏高教》2014 年第 1 期。

114. 谢宝峰、刘金林："高等院校债务风险的成因及其防范对策研究——以广西壮族自治区为例"，载《南宁师范大学学报（哲学社会科学版）》2019 年第 6 期。

115. 马怀德："政府管理大学和大学自主管理的法治化思考"，载《国家教育行政学院学报》2007 年第 11 期。

116. 郭兆红："治理体系中高校信息公开的阻滞因素及破解——基于利益相关者理论"，载《江苏高教》2017 年第 9 期。

117. 王敬波："现代大学制度与高校信息公开的三维透视"，载《中国高等教育》2015 年第 24 期。

118. 牛军明、张德祥："高校信息公开的缘由、现状与策略研究——基于 2016 年度教育部 75 所直属高校的信息公开年度报告"，载《中国高教研究》2018 年第 2 期。

119. 周伟："论我国地方立法存在的问题及其解决"，载《河南财经政法大学学报》2013 年第 2 期。

120. 谢海定："我国学术自由权的法律保障"，载《学术界》2005 年第 2 期。

121. 张伟："浅析我国学术自由权的宪法保障"，载《当代教育论坛（教育论坛）》2010 年第 5 期。

122. 谢海定："作为法律权利的学术自由权"，载《中国法学》2005 年第 6 期。

123. 周慧、何生根："学术自由的宪法权利属性"，载《江苏警官学院学报》2004 年第 5 期。

124. 王会金、易仁萍："试论政府绩效审计的若干理论问题"，载《审计研究》2007 年第 1 期。

125. 李宁卿、吴志红："行政法人制度检视"，载《人民论坛》2013 年第 8 期。

126. 章永乐："国体、精英吸纳与荣典制度——以民国袁世凯时代为例"，载《华东政法大学学报》2016 年第 1 期。

四、博士学位论文

1. 高晓清："自由，大学理念的回归与重构"，华东师范大学 2003 年博士学位论文。

2. 袁晋芳："我国高校绩效预算问题研究"，中央财经大学 2017 年博士学位论文。

3. 柴江："我国高等教育收费现状与效应研究"，苏州大学 2017 年博士学位论文。

4. 张端鸿："中国公立大学法人治理结构研究——以 A 大学为例"，复旦大学 2013 年博士学位论文。

5. 解德渤："我国公立高等学校法人制度改革研究"，厦门大学 2017 年博士学位论文。

6. 吕瑞云："公法法人财产所有权问题研究"，中国社会科学院 2011 年博士学位论文。

五、外文文献

1. Don Anderson Richard Johnson, University Autonomy in Twenty Counties, *Evaluation and Inverstigations Program High Education Division*, April 1998.

2. Keiko Yokoyama, Changing Definitions of University Autonomy: The Cases of England and Japan, *Higher Education in Europe*, Vol. 32, No. 4, December

2007.

3. Thomas Estermann, *University Autonomy in Europe: Exploratory Study*, University Education, Apr. 16 2010.

4. George N. Rainsford, *Congress and Higher Education in Nineteenth Century*, The University of Tennessee Press, 1972.

5. Edwin D. Duryea. *The Academic Corporation: A History of College and University Governing Boards*, Falmer Press, 2000.

后 记 Postscript

　　《公立高校财政自主权研究》一书是 2015 年 12 月由本人主持的国家社科基金教育科学项目"公法人视野下公立高校财政自主权研究"（BIA150094）的最终成果。课题组成员有：冉富强（河南财经政法大学教授）、程杰（河南财经政法大学副教授）、魏海深（郑州大学校办副主任）、张国强（河南省教育厅办公室主任）、华小鹏（平顶山学院党委书记）、曹振（海南大学博士研究生）、夏超峰（河南财经政法大学讲师）、郭建平（广西师范大学教授）、周立胜（扬州大学教授）、臧威（河北省高级人民法院法官）。2020 年 10 月，课题组完成了研究报告初稿。为了保证课题的研究质量、成果各部分的协调性和行文风格的一致性，冉富强与课题组成员进行多次交流、讨论，并提出具体修改意见，冉富强、曹振负责对稿件进行多次校对和整理，最终于 2020 年 12 月完成了研究报告的定稿。

　　本书由冉富强统稿与定稿。执笔分工如下：冉富强撰写第一章、第二章、第六章、后记；程杰撰写第三章、第五章；曹振负责撰写第四章。

　　本书以公法人视野下我国公立高校财政自主权为研究对象，在借鉴国内外优秀成果的基础上，力争理论创新与实践革新，以反映我国高校教育研究领域的最新研究成果。本书的顺利出版既得益于全国教育规划办公室的资助，也受到中国政法大学出版社的大力支持，在此，一并表示感谢！由于著者的学术水平与研究能力所限，错误在所难免，真诚地希望学术界和实务界的同仁批评、指正。

冉富强

2022 年盛夏于河南财经政法大学毓苑社区